PASIÓN
POR LAS ALMAS

PASIÓN
POR LAS ALMAS

Oswald J. Smith

COMIBAM Internacional

editorial clie

Editorial CLIE
Ferrocarril, 8
08232 VILADECAVALLS (Barcelona) España
E-mail: libros@clie.es
Web: http://www.clie.es

PASIÓN POR LAS ALMAS
Oswald J. Smith
Traducción: Ruby A. Krieger de Nunn
Revisión: Viviana Hack de Smith
© COMIBAM Internacional - Dpto. de Publicaciones
Casilla 711 - 3000 Santa Fe - Argentina
fab@argentina.com - www.comibam.org
Publicado con permiso de Operación Movilización.

1950 - Título original: *The Passion for Souls*, Oswald J. Smith. Editado por Marshall, Morgan & Scott, Londres, 128 pp.
1957 - *Pasión por las almas*, Oswald J. Smith, primera edición en castellano por World Literature Crusade Press, Buenos Aires, 120 pp.
1984 - *Pasión por las almas*, Oswald J. Smith, publicado por Editorial Portavoz, filial de Kregel Publications, Grand Rapids, Michigan, conteniendo de la versión original solamente los capítulos 9 a 13.
© Operación Movilización.
2003 - Tercera edición. Versión completa conforme al original en inglés, totalmente revisada, publicada por Editorial Clie, Barcelona.
A me nos que se indique otra cosa, las citas bíblicas están tomadas de la Versión Reina-Valera 1995 de Sociedades Bíblicas Unidas, y de la Nueva Versión Internacional (NVI).

ISBN 10: 84-8267-362-9
ISBN 13: 978-84-8267-362-2

Clasifíquese:
ECLESIOLOGÍA: Iglecrecimiento-Misiones
CTC: 01-06-0510-11
Referencia: 22.44.23

Índice

Prefacio por Billy Graham

EL SENTIDO DE RESPONSABILIDAD y la visión misionera son el corazón y el motivo propulsor del movimiento Juventud para Cristo. Este movimiento está operando actualmente en más de cincuenta y cinco países. Miles de personas en suelo extranjero encuentran a Cristo a través de esta gigantesca organización. La visión misionera que transformó al movimiento Juventud para Cristo hace varios años se debió, en gran manera, a la visión, el consejo, la dirección y la cooperación del doctor Oswald J. Smith.

Como estadista misionero, no hay quien le sobrepase. Alrededor del mundo, el nombre de Oswald J. Smith simboliza la evangelización mundial. Sus giras, su predicación, las grandes cantidades de dinero reunidas y su visión divinamente inspirada han sido la fuerza dinámica, el estímulo y el empuje de muchísimas organizaciones misioneras. Cuando hace pocos años la visión misionera se había opacado, una voz desde Toronto, Canadá, cla-

maba con insistencia en el desierto: «¡Misiones, misiones, misiones!», hasta que los cristianos evangélicos de todo el continente norteamericano empezaron a despertarse de nuevo, en cuanto a su responsabilidad para con los no cristianos. Sus desafiantes discursos, publicados ahora en este libro, han sido empleados por Dios para ayudar a recoger más de tres millones de dólares para la obra misionera. Como misionero, ejemplifica la pasión por las almas.

Como evangelista, tiene una ardiente pasión por las almas. Su intenso empuje, su presentación poderosa, clara y concisa del evangelio, su habilidad divinamente inspirada de extender una invitación a los inconversos para aceptar a Cristo, han demostrado en centenares de plataformas y frente a cientos de altares que ha sido dotado con generosidad del don del evangelismo. Como evangelista ejemplifica la pasión por las almas.

Como pastor, su gran ministerio en la Peoples Church (Iglesia de los Pueblos) proclama a todo el mundo que este hombre ha aprendido el secreto del pastor afortunado: el corazón y la fuerza impulsora de esa gran iglesia en Toronto es el evangelismo y las misiones. Pocos pastores han tenido un ministerio tan largo y tan fructífero como el del Dr. Oswald J. Smith. He predicado en esa iglesia en varias ocasiones y en cada una me he quedado asombrado al verla completamente llena de gente, no habiendo lugar para más. Solamente los registros del cielo saben cuántas almas se han postrado ante el altar de la Iglesia de los Pueblos para encontrar a Cristo. Como pastor él ejemplifica la pasión por las almas.

Como autor, sus libros y folletos han sido traducidos a

un número considerable de idiomas. Es imposible leer una página en cualquiera de sus muchos libros, sin percibir algo de la intensidad con que ama a las almas. La pluma nada pierde de su entusiasmo, de su poder y de su ferviente desafío. Sus libros han sido empleados por el Espíritu Santo para penetrar hasta las más hondas profundidades de mi propia alma y han ejercido una tremenda influencia sobre mi vida y ministerio. Como autor, ejemplifica la pasión por las almas.

Como poeta e himnólogo, sus cantos son amados y cantados en todo el mundo. ¿Quién puede escuchar el gran himno: «Entonces vino Jesús» y «Dios comprende» o «La gloria de su presencia», sin sentir la pasión de este hombre por las almas? En muchas reuniones he visto los corazones estremecidos y quebrantados por el canto de estos himnos. El más conocido entre ellos, que se titula: «Salvado», ha sido como un testimonio para las multitudes. Como himnólogo, ejemplifica la pasión por las almas.

Como hombre, su absoluta consagración y devoción a la causa de nuestro Señor Jesucristo y la promoción de su Reino han infundido una nueva esperanza, valor e inspiración a miles de jóvenes predicadores. Su vida de ferviente oración y llena del Espíritu Santo ha sido de bendición para millares. Nadie puede estar en su presencia por cinco minutos sin ver la llama de su alma. Como hombre, ejemplifica la pasión por las almas.

Parecería que solamente una vez en cada generación Dios levanta a alguien con tantos talentos y dones. La pasión dominante de la vida de este hombre vivirá a través de muchas generaciones futuras, si Cristo no viene antes. Ciertamente, nadie en la actualidad está más calificado *para escribir sobre la PASIÓN POR LAS ALMAS. Al publicarse este libro es nuestra ferviente oración que otros también puedan sentir el mismo fervor, recibir la misma visión y ser llenos de la misma ardiente pasión.*

DR. BILLY GRAHAM
Minneápolis, EE.UU.

CAPÍTULO **1**

La derrota de Satanás

B IEN. ¿QUÉ NOTICIAS HAY? —preguntó Satanás, levantando la cabeza con una expresión de interrogación en su rostro.

—¡Espléndidas, las mejores posibles! —respondió el príncipe de los demonios de Alaska, quien acababa de entrar.

—¿Ha oído ya alguno de los esquimales? —preguntó el jefe con ansias, fijando la vista en el ángel caído.

—¡Ni uno! —contestó el príncipe, haciendo una reverencia. —¡Ni uno solo! Yo me cuidé en ese sentido—, continuó, como si se gloriase de una reciente victoria.

—¿Hubo algún intento? —preguntó su señor en tono autoritario— ¿Ha hecho alguien la tentativa de entrar?

—¡Por cierto que sí, pero sus esfuerzos fueron frustrados antes de que pudieran aprender una palabra del idioma! —respondió el príncipe con una nota de triunfo en su voz.

—¿Cómo fue? Cuénteme todo.

Satanás ya prestaba mucha atención.

—Bien —comenzó el príncipe—, me hallaba en mis dominios, habiendo llegado bien dentro del círculo ártico con el propósito de visitar a una de las tribus más aisladas, cuando de repente, me quedé asombrado al oír que se hallaban en camino hacia allí —desde el otro lado del mar— dos misioneros, que ya habían desembarcado, y que con sus trineos y perros se encontraban en el corazón de mi reino, Alaska, y se dirigían hacia una numerosa tribu de esquimales, justamente dentro del círculo ártico.

—¿Ah, sí? ¿Y qué hizo? —interrumpió Satanás, impaciente por oír el final del relato.

—Ante todo, llamé a las huestes de las tinieblas que obran bajo mis órdenes, y tuve con ellas una reunión. Se hicieron muchas sugerencias, pero finalmente nos pusimos de acuerdo en que lo más fácil era hacerlos morir congelados. Sabiendo que aquel día partían hacia la distante tribu y que, probablemente, necesitarían todo un mes para cruzar las extensiones de los campos helados que los separaban de ella, enseguida empezamos las operaciones. Con corazones ardientes para anunciar su Mensaje, comenzaron ellos el viaje. Valientemente, aunque con mucha dificultad, siguieron el camino sobre el hielo. Pero después de haber marchado por una semana, repentinamente, el trineo que llevaba la comida llegó a una capa delgada de hielo que se quebró bajo su peso, y tanto el transporte como las provisiones se perdieron. Agobiados y cansados, los misioneros siguieron adelante con determinación, pero pronto se dieron cuenta de que se hallaban en una posición desesperada, a más de tres semanas del lugar que se proponían alcanzar. Desconocían por completo esas regiones, y nada pudieron hacer para remediar su situación. Finalmente, cuando el alimento les faltó, y ya estaban agotados físicamente, di órdenes, y en corto tiempo se levantó un viento huracanado: la nieve caía como una ventisca que enceguecía, y antes del alba, gracias al hecho de que usted, mi señor, es el príncipe de las potestades del aire, ya habían sucumbido y muerto congelados.

—¡Excelente! ¡Espléndido! Me ha rendido un buen servicio —aprobó el querubín caído, con una expresión de satisfacción en su rostro que una vez fuera hermoso.

—¿Y qué tiene usted para informar? —continuó, dirigiéndose al príncipe del Tibet que había escuchado la conversación con evidente satisfacción.

—Yo también tengo algo que llenará de gozo a su Majestad —contestó el aludido.

—¡Ah! ¿Se ha hecho también alguna tentativa de invadir su Reino, mi príncipe? —preguntó Satanás con creciente interés.

—Por cierto que sí —respondió el príncipe.

—¿Cómo? ¡Cuénteme todo! —ordenó Satanás con viva curiosidad.

—Me hallaba en cumplimiento de mis deberes en el corazón del Tibet —explicó el príncipe—, cuando me llegaron algunas noticias sobre una agencia especialmente organizada para introducir el evangelio en mi reino. Debe saber, mi señor, que me puse alerta enseguida. Reuní a mis fuerzas con el fin de discutir la situación, y pronto acordamos un plan que prometía éxito completo. Con admirable determinación, dos hombres de la agencia misionera viajaron a través de la China y se atrevieron a cruzar la frontera y a entrar en la Tierra Prohibida. Les permitimos seguir su viaje por unos tres días, y luego, justamente cuando oscurecía, dos perros salvajes, de aquellos que se hallan por todas partes de esas regiones, los atacaron. Con tremenda desesperación se defendieron, pero finalmente uno fue vencido y muerto por los perros. El otro, protegido por fuerzas invisibles que no pudimos conquistar, pudo escaparse.

—¿Escaparse? —gritó Satanás, haciendo un horrible gesto—. ¡Escaparse! ¿Pudo llegar hasta ellos con el Mensaje?

—No, mi señor —respondió el príncipe del Tibet, con una nota de certidumbre en su voz—. No tuvo oportunidad. Antes de que pudiera aprender una palabra del idioma, nuestras huestes arreglaron todo para que los nativos mismos lo asaltaran. Rápidamente, fue enjuiciado y condenado. De veras fue un espectáculo que hubiera llenado a su Majestad de gozo. Lo cosieron dentro de un cuero y lo colocaron al sol para que se asara. Durante tres días quedó así, fracturándose sus huesos paulatinamente, hasta que por fin acabó su vida.

El recinto había ido llenándose rápidamente mientras hablaba el príncipe del Tibet, y al terminar su informe un gran grito de alegría estalló en la asamblea, mientras todos reverenciaban la majestuosa figura de Satanás, quien aún conservaba algo de su hermosura a pesar de los estragos causados por el pecado. Pero un momento más tarde, los gritos cesaron, acallados por un gesto de la mano de Satanás.

—¿Y qué tiene usted para informar? —preguntó, dirigiéndose a otro ángel caído—. ¿Es usted aún amo de Afganistán, mi príncipe?

—Le aseguro que sí, su Majestad —replicó el príncipe—, aunque si no fuera por mis fieles seguidores, dudo que siguiera siéndolo.

—¡Ah! ¿Ha habido un asalto contra sus dominios también? —exclamó Satanás con voz fuerte.

—Sí, mi señor —respondió el príncipe—. Pero escuche y le diré todo.

Pidiendo silencio con un gesto de la mano, comenzó:

—Observábamos el progreso; eran cuatro en total, todos celosos por proclamar a su Señor. Usted sabe, mi señor, del aviso que espera al viajero en la frontera de mi reino. Dice así: «Se prohíbe terminantemente a toda persona cruzar esta frontera para entrar en territorio de Afganistán». Bien, se arrodillaron allí y oraron, pero a pesar de eso, nuestras valientes fuerzas prevalecieron. A unos veinte metros del cartel, en un montón de rocas, se hallaba sentado un guarda afgano con un rifle en la mano. Después de haber orado, la pequeña compañía se atrevió a cruzar la frontera, y entraron en la Tierra Prohibida. El guarda les permitió avanzar veinte pasos, luego como un relámpago, tres tiros cortaron el aire y tres de la compañía cayeron al suelo, dos ya muertos y el otro herido. Su compañero arrastró al herido hasta la frontera, donde tras breve sufrimiento falleció, mientras él, descorazonado, huyó del país.

Prolongadas vivas siguieron a esta narración, y gran gozo llenó cada corazón, el de Satanás más que ninguno, porque ¿no era él aún dueño de las Tierras Cerradas, y no había él triunfado en todo el campo? El Mensaje, gracias a sus innumerables hordas, aún no había penetrado allí, ni se había oído todavía hablar del temible Nombre.

—¿No quiere decirnos, oh poderoso, por qué está tan ansioso por impedir que el Mensaje llegue a éstos, nuestros imperios? ¿No sabe que los reinos del príncipe de la India, y el príncipe de la China, y de su alteza real, el príncipe del África, han sido invadidos por fuertes contingentes, y que muchas personas buscan a Cristo todos los días?

—¡Ah, sí! ¡Bien lo sé! Pero escúchenme todos y les explicaré porqué estoy tan celoso por las Tierras Cerradas —contestó Satán, mientras los demás prestaban cuidadosa atención—. Hay varias profecías de las cuales, quizá la mejor resumida es la que reza que «Será predicado este evangelio del Reino en todo el mundo, para testimonio a todas las naciones, y entonces vendrá el fin» [Mateo 24.14]. Está claro —continuó en voz baja— que Dios está visitando a los gentiles «para tomar de ellos pueblo para su nombre» [Hechos 15.14], y *después* de eso, Él dijo que volvería; por lo que la Gran Comisión implica que deberán hacerse discípulos de todas las naciones.

»¡Pues bien! —exclamó indignado—, Jesucristo no podrá volver para reinar hasta que toda nación haya oído las Buenas Nuevas, porque así lo dice: "Vi una gran multitud, la cual nadie podía contar, de todas las naciones, tribus, pueblos y lenguas" [Apocalipsis 7.9]. Por lo que no importa cuántos misioneros envíen a los países ya evangelizados ni cuántos convertidos obtengan, mientras no se proclame el evangelio en Alaska, el Tibet, Afganistán y los demás dominios que tenemos donde Cristo no ha sido proclamado, Él no podrá volver para reinar».

—En ese caso —interrumpió el príncipe de Indochina Francesa[1]—, si podemos impedir la entrada de los misioneros a las Tierras Cerradas, impediremos Su venida para reinar sobre la tierra y de ese modo frustrar los propósitos del Altísimo.

—Y así vamos a hacer —exclamó el orgulloso príncipe de Camboya—. Hace pocos días —continuó— un misionero escribió: «En este momento no sabemos de un solo indochino que tenga conocimiento personal de Jesucristo, el Salvador». Confíe en nosotros, su Majestad, le aseguramos que nadie escapará.

—Muy bien —dijo Satanás—, seamos aún más vigilantes y frustremos toda tentativa que se haga para entrar en las Tierras Cerradas.

Al darse cuenta de aquel gran plan, todos dieron voces de alegría, y regresaron rápidamente a sus imperios, más resueltos que nunca a no dejar escapar ni una sola alma.

Pasaron cincuenta años. Con gran intranquilidad, su majestad satánica caminaba de un lado para otro. Señas de

---

[1] En la actualidad, Laos, Camboya y Vietnam.

gran preocupación se dejaban ver en su rostro. Era bien evidente que algo fuera de lo común lo estaba perturbando.

—¡No puede ser! —se reprochaba a sí mismo—. ¡El mismísimo plan —continuó con voz más fuerte—, sí, el mismo plan! ¡Parece que al fin lo han captado! «Misiones», «pioneros», detesto esas palabras. Y tampoco puedo soportar aquella otra declaración: «Los fines de la agencia misionera incluyen apresurar el retorno de nuestro Señor predicando el evangelio a todas las naciones, para "tomar un pueblo para su Nombre", como nos comisionó: "Id por todo el mundo y predicad el evangelio a toda criatura"». Su propósito es involucrarse solamente en actividades que contribuyan a la evangelización mundial. Su política misionera no les permite duplicar los esfuerzos que hacen otras agencias en el extranjero, entre pueblos, tribus y naciones donde Cristo no ha sido aún anunciado.

»¡Regiones de más allá, zonas no ocupadas, misiones entre los pueblos, tribus y naciones adonde el nombre de Cristo es aún desconocido! Y apresurar el retorno de nuestro Señor siguiendo su programa para este siglo. Luego aquel grito: ¡Traer de regreso al Rey! ¡El Rey! ¡El Rey! ¡No sucederá! Yo tengo que desbaratar sus esfuerzos... ¡El Rey! ¿Y qué me sucederá a mí cuando Él venga...? ¡Tengo que convocar a un concilio inmediatamente!»

En pocos minutos todos estaban presentes. Vinieron desde las regiones más apartadas y remotas los poderosos ángeles caídos, dignatarios, príncipes, capitanes, gobernadores mundiales de las tinieblas de este siglo. En innumerables multitudes se congregaron alrededor de su señor, quien sumamente airado se hallaba de pie en medio de ellos. Reinaba un silencio sepulcral. Pronto Satanás hizo uso de la palabra:

—Príncipe de Alaska, ¡venga aquí!

Temblando y temeroso, ya desvanecida su arrogancia de cincuenta años atrás, se acercó a su temible monarca.

—Príncipe de Alaska, ¿han entrado en tu territorio ya?

—Sí, mi señor, es cierto —respondió lentamente el príncipe con una mirada de terror, apenas levantando los ojos.

—¿Cómo? ¡Qué! —tronó Satanás, dominándose con dificultad—. ¿Cómo es que no guardó mejor mi imperio?

—Hicimos lo que nos fue posible, su Majestad, pero todo fue en vano. Se llegó a saber, en qué forma no imaginamos, de la tragedia de ese primer grupo de misioneros; los cuerpos congelados de los primeros dos fueron hallados. La noticia inflamó a toda la iglesia. Hubo quienes se lanzaron a la aventura. Pudimos aniquilar a varios. Otros se desanimaron y se volvieron a casa. Pero finalmente, a pesar de todo lo que pudimos hacer, lograron sus propósitos. Guardados y protegidos por legiones de ángeles, entraron en mi territorio y allí se establecieron y no pudimos ya echarlos. Y hoy hay centenares de esquimales dentro del Reino de Dios, además de los miles que ya han oído el evangelio.

No es posible describir lo que siguió a esta declaración. Satanás estalló en una furia incontrolable. El aire mismo parecía lleno de un millón de espíritus. Sus principales jefes quedaron amedrentados ante él y pugnaban por alejarse de sus terribles ojos.

—Príncipe del Tibet, ¡pase usted adelante! —rugió el enfurecido jefe—. Espero que tenga un informe mejor para darnos —continuó mientras se acercaba el célebre príncipe.

—¡No, mi señor!, muy poco mejor me ha ido a mí —respondió éste.

—¡Cómo! —gritó Satanás—. ¿El nombre de Cristo ha sido predicado en su dominio?

—No pude impedirlo de ninguna manera —replicó el príncipe en voz baja—. Hicimos todo lo que nos fue posible. Todas nuestras fuerzas trabajaron día y noche tratando de vencerlos. Parece ser que han iniciado un movimiento con el único propósito de ir adonde nadie fue antes y predicar entre los no alcanzados. El príncipe de la China trató con todas sus energías de aniquilarlos, pero fue en vano. Estaban protegidos por legiones de ángeles, y sobrevivieron. Fueron atacados por perros, llenamos a los sacerdotes de odio mortal hacia ellos, se colocaron trampas por todas partes, aplicamos el método del hambre, la enfermedad hizo estragos entre ellos. Pero todo fue en vano. Siguieron siempre adelante, hasta que actualmente debemos reconocer perdidas para siempre muchas personas residentes en el Tibet, y miles más han oído el evangelio. El evangelio ha llegado hasta los últimos confines de mi territorio.

Al oír eso, la furia de Satanás era indescriptible. Sin perder un momento, se dirigió al príncipe de Afganistán y dio su última orden:

—Príncipe de Afganistán, ¡venga usted aquí!

Hubo un momento de vacilación; luego con paso lento

y cabizbajo, se adelantó el príncipe y se paró temblando ante su soberano.

—Príncipe de Afganistán —empezó Satanás de nuevo—, usted ha guardado bien mis dominios. Si usted me fallara no sé lo que haría.

No hubo contestación. El silencio parecía ejercer un poder de encantamiento sobre el numeroso auditorio.

—¡Hable, oh príncipe! ¿Han entrado?

—Sí, es cierto, mi señor.

—¡Príncipe de Afganistán —exclamó Satanás, saltando enfurecido hacia su vasallo—, me ha sido infiel!

—No, mi señor, no he sido infiel, pero nada se pudo lograr. Hicimos todo lo que nos fue posible. Hasta hace un año, ni una sola alma oyó la predicación de los misioneros. Luego dos jóvenes fueron enviados por esa agencia misionera y...

—¡Malditos sean! —interrumpió Satanás.

—Toda la iglesia se puso a orar —continuó el príncipe—. Todos evidentemente saben que Cristo no vendrá a reinar mientras no se predique el evangelio a toda lengua. Los ángeles los protegían. ¡Oh, sí!, luchamos, pero no los pudimos resistir. Seguían siempre adelante, y hace una semana un hombre aceptó a Cristo y varios otros ya están interesados.

—¿Y ahora? —rugió Satanás—. ¡Todo está perdido! Miles se están salvando en la India y en la China, y la noticia que acabo de recibir es la peor de todas: Él podría venir ahora. O por lo menos no tardará mucho en hacerlo, porque con la visión que esta gente ha captado, cada tribu, lengua y nación será alcanzada con la predicación del evangelio. Y luego, ¡ay de mí! ¡Pobre de mí!

CAPÍTULO 2

El leñador intrépido

F UE UNA HAZAÑA maravillosa. Aun para un leñador intrépido[2] se la consideró algo extraordinario. Los alegres leñadores de la costa del Pacífico nunca olvidarán el temblor que sintieron mientras observaban al temerario y audaz muchacho balanceándose entre el cielo y la tierra. Se había elegido el árbol el día anterior: un inmenso pino Douglas de unos cien metros de altura, con un diámetro de casi dos metros en su base, perfectamente derecho y pelado casi hasta la copa. No era un árbol fuera de lo común, por lo menos en la Columbia Británica, pero se trataba de uno especialmente elegido y muy apropiado para la hazaña de un hachero.

El leñador, joven de unos diecinueve años, de rostro alegre y aire de despreocupación, era ese día el centro de

---

2 Sobre la costa occidental del Canadá existen bosques de pinos, donde no es extraño ver que algunos superan los cien metros de altura. La tala de semejantes árboles requiere de leñadores especializados, que antes de derribar por tierra a esos gigantes, trepan hasta lo alto del tronco para cortar en primer lugar la copa e instalar luego los aparejos para transportar el tronco cortado. Se suelen hacer concursos de destreza entre los leñadores, que en ocasiones han producido caídas fatales.

23

toda la atención. Después de varias semanas de preparación especial, había llegado a ser uno de los mejores hacheros a lo largo de la costa.

Saltando por el tronco del árbol, con clavos largos en su calzado y una correa alrededor de su delgada cintura, trepó los primeros quince metros como una ardilla, y se hallaba ya muy arriba antes de que los robustos leñadores al pie del árbol se dieran cuenta de que el joven se había ido. Echando la soga alrededor de sí, hincó los clavos de sus zapatos firmemente en la corteza del árbol, con su cabeza echada hacia atrás, seguía ascendiendo exitosamente, ayudado por el excelente estado atlético de su cuerpo.

Arriba, y siempre hacia arriba, ascendía, mientras la inmensa copa se mecía como resultado de sus movimientos. Sus observadores se habían cansado de tanto mirar a lo alto y algunos hombres se acostaron de espalda para verlo mejor. Se oían por todos lados exclamaciones de satisfacción y de admiración, animándole a seguir adelante. Gritos espontáneos de entusiasmo se alzaban hacia arriba con cada paso que daba. ¡Con razón se esforzaba! Era su día, y él se hallaba allí para superarse a sí mismo. Pronto se detuvo. ¡A una altura de sesenta metros!

Era suficiente. Ahora a trabajar. Sacó su hacha y empezó a cortar el árbol. Dando vuelta al tronco continuamente, sosteniéndose con su fuerte correa, daba golpes firmes haciendo caer una lluvia de astillas sobre las personas que desde abajo lo observaban.

De dos cosas tenía que cuidarse, pues había dos posibles accidentes que él tendría que evitar. Si erraba un golpe y cortaba la correa que lo soportaba, el resultado sería fatal. Hacía una semana que se había registrado un caso semejante en la isla de Vancouver, y el cuerpo lleno de golpes y sin vida del descuidado Tim se había recogido al pie del árbol, luego de caer el infortunado muchacho desde unos sesenta metros de altura. Además, tenía que estar bien seguro de que cortaba debidamente el tronco en su circunferencia, no fuera que al romperse el árbol, se rasgara llevando consigo la correa que estaba alrededor del mismo y del cuerpo del leñador, lo cual resultaría en cortar en dos el cuerpo del joven. Tal cosa ya había acontecido a otro, y aún estaba fresco el recuerdo de ese terrible suceso.

Pero estaba muy alerta, y todo fue bien. La copa del árbol, cortada correctamente, cayó a tierra con el estrépito de un trueno, obligando a los leñadores a saltar a un lado para evitar ser golpeados por ella. Fue en ese momento que el intrépido joven se vio frente a su real peligro. El tronco oscilaba peligrosamente de cinco a siete metros debido a la vibración causada por la caída de la copa. Si no hubiera estado debidamente prevenido, se dejaría llevar con el tronco, y como resultado del golpe su rostro quedaría desfigurado. Estos hombres no podían olvidar a otro leñador, cuyo rostro había sido desfigurado totalmente al chocar una y otra vez contra el tronco, antes que el leñador pudiera empezar a moverse acompañando la oscilación para evitar el golpe; tan violento había sido el rebote.

De repente cesó sus actividades. ¿Ahora qué? Los de abajo notaron que había aflojado la correa y clavado los zapatos en el tronco, descendiendo unos cuatro metros a fin de evitar un posible resquebrajamiento; luego se había afirmado de nuevo para esperar que la inmensa copa, que tenía unos treinta metros encima de su cabeza, se partiera y cayera. Observaron cómo se dejaba hamacar con coraje y sin resistencia alguna, hasta que terminaron las fuertes vibraciones.

Y ahora, de acuerdo con las leyes de los trepadores, le tocaba dedicarse a preparar el aparejo. Tenía que llevar arriba la polea, de unos doscientos kilos, con un aparejo que debía asegurarse en la punta del árbol. A través de la polea tenía que pasar el cable de cuatro centímetros de diámetro, y asegurar el otro extremo a un árbol similar distante casi cuatrocientos metros. A lo largo de este cable, los troncos, grandes, poderosos gigantes —no los mondadientes del Ontario del Norte— tenían que ser arrastrados y a veces levantados muy arriba. Pero el intrépido muchacho no hizo este trabajo. En lugar de eso hizo algo que fue tema de conversación entre los leñadores por varios meses.

Ahora, el diámetro del tronco en el lugar donde se lo había cortado era de sesenta centímetros. El muchacho había hecho una pausa. Allí abajo esperaban. Lo que comenzaban a ver ahora, ¿sería una visión? ¿Les engañaban sus ojos? No, allí estaba, balanceándose entre cielo y tierra, erguido de pie sobre el tronco de sesenta centímetros de diámetro, a sesenta metros de altura. Detuvieron la respiración. Se produjo silencio entre los arrojados leñadores, mientras miraban hacia arriba y observaban al intrépido muchacho. No se oía ningún sonido. El corazón de muchos hombres latía fuertemente por momentos, luego parecía detenerse, mientras un escalofrío los dejaba débiles y temblorosos, y aun hechizados, sin poder apartar los ojos de él.

Allí estaba, parado en forma inequívoca como dibujado contra el cielo azul. ¿Caería? ¿Podría balancearse lo suficiente como para recobrar la posición? Pronto alzó en alto su hacha. A un metro del lugar en que se hallaba, el gajo de otro árbol se movía por el viento. ¿Qué iba a hacer? ¿Se estaba enloqueciendo? ¡Qué locura! Pero, ¡fíjense ustedes! Asestó un golpe fuerte con el hacha. Había cortado el gajo de tal manera que se precipitó a tierra. El muchacho se agacha. Los espectadores lanzan un grito de asombro. Paulatinamente su cuerpo recobra su equilibrio. Y cinco minutos más tarde, planta los pies firme y victoriosamente en tierra mientras los vivas de los leñadores que le rodean suben al cielo. ¡El intrépido aparejador se había ganado sus laureles!

Aquella noche el joven trepador no podía conciliar el sueño. Hora tras hora daba vueltas de un lado para otro, sin poder descansar. Espectros de días ya idos se le aparecían. Hechos olvidados desde mucho tiempo retornaban de nuevo a su mente. El viejo hogar, su madre, la iglesia de su niñez y una variedad de recuerdos sagrados inundaron su confusa mente.

«Esto no conviene —susurró—, ¿qué es lo que me pasa esta noche?» Apoyándose sobre el codo, escuchaba para asegurarse de que todos, menos él, dormían. Luego silenciosamente bajó de la cama, se vistió y sin el menor ruido salió al aire libre.

Era una noche de luna. Se veían en la distancia las largas y anchas sombras de los altos árboles, y cada una de las casillas de los leñadores. Ni el menor ruido rompía el silencio de la noche. El mismo bosque gigantesco parecía envuelto en el sueño nocturno.

Deslizándose rápidamente entre los árboles, se dirigió al lugar en donde pocas horas antes él había realizado su asombrosa hazaña, pensando que el paseo le daría sueño y que le ayudaría a olvidarse de los recuerdos que le molestaban.

Una hora más tarde regresó a su cabaña y silenciosamente se acostó de nuevo. Pronto concilió el sueño, y en cuanto se durmió, extrañas y fantásticas visiones invadieron su mente. Estaba trepando de nuevo al árbol, lleno de entusiasmo, ansioso de llevar a cabo la arriesgada hazaña.

Soñaba con que sacaba su hacha, que empezaba con fervorosa energía a separar la copa del tronco. En pocos momentos había completado el corte. Luego, al empezar a mecerse la parte superior cayó y él, clavando las espuelas firmemente en el tronco, echó todo su peso sobre la correa y esperó el shock. Y cuando se produjo fue para gran susto suyo. Él mismo no había seguido el movimiento del tronco y seguidamente sintió el aplastador golpe del árbol en su rostro, mientras el árbol se mecía para adelante y para atrás, hasta que le pareció que todos los huesos se le hubieran quebrado. Sentía que la sangre le chorreaba por el rostro... y se despertó bañado en transpiración con los nervios alterados.

Se durmió de nuevo. Esta vez soñó que usaba el hacha en un punto muy alto del árbol, sostenido por la correa solamente. De repente, erró el golpe y en un abrir y cerrar de ojos se cortó la correa. Sentía que caía en el espacio, y con terrible grito, trató en vano de asirse de un gajo. Luego le vino esa espantosa sensación de que caía a un abismo. En seguida, al caer pesadamente a tierra se despertó por segunda vez, encontrándose en el piso al lado de su cama.

Como tenía miedo de dormirse otra vez, salió de nuevo de la cabaña y se puso a caminar sin rumbo entre los gigantescos pinos. Seguía siempre hacia adelante sin hacer caso ni de la hora ni de la dirección en que iba. Un mundo de recuerdos que vanamente había tratado de sofocar volvieron a ocupar su mente.

En su imaginación se hallaba de regreso en la ciudad. Se encontraba asistiendo a una importante conferencia que llevaba una semana y había tenido lugar hacía un año. Atraído por algún poder magnético del orador, o empujado por alguna influencia misteriosa, repentinamente se incorporó y se plegó a una larga fila de jóvenes y señoritas que se adelantaban para responder al llamado misionero. Fue ese un momento lleno de emoción para él. Aún podía sentir la exaltación de espíritu que había experimentado en aquella memorable ocasión.

Sí, en ese momento tenía el firme propósito de ir como misionero, pero al clausurarse la conferencia se le había desvanecido el entusiasmo al tener que enfrentar las realidades de la vida y calcular el costo de su decisión. Gradualmente la sagrada resolución se debilitó y su entusiasmo se enfrió. Las atracciones mundanas se apoderaron de él nuevamente, y a las pocas semanas había logrado ahogar la voz interior y olvidarse, momentáneamente por lo menos, de su compromiso.

Sin embargo, de vez en cuando, especialmente en los momentos de silencio, esa voz reclamaba atención e insistía que se la reconociese. Por mucho que se esforzaba no pudo olvidarse de lo que había resuelto. Finalmente, sintiéndose desesperado, tomó cierto día un tren que lo llevaría al Oeste y, para abreviar el relato, terminó como trepador especializado en esos gigantescos árboles, en los enormes campamentos de leñadores de la Columbia Británica. Y ahora, ya transcurrido un año, creyendo que todo se había ido al olvido, se veía de nuevo cara a cara con su llamado.

Por espacio de dos horas luchó desesperadamente. El precio que tendría que pagar se le presentaba en forma real. No podía ignorar fácilmente el sacrificio que implicaría. La fama que había conquistado como leñador intrépido lo empujaba fuertemente hacia los bosques. Y la familiaridad del monte y el gozo de la vida agreste le provocaban dudas y vacilaciones.

De pronto, como un relámpago, cruzó por la mente del muchacho el recuerdo de otro que quiso huir de Dios. Pero a Jonás le había ido muy mal. A él quizá le fuera peor. Sería peligroso tratar de esquivar esta decisión por mucho más tiempo.

Dejándose caer lentamente al suelo, colocó la cabeza entre las rodillas y estalló en un desesperado llanto. Amargas lágrimas de arrepentimiento corrían por las mejillas, mientras que con frases entrecortadas hacía su confesión buscando perdón por su desobediencia y renovando ante Dios el voto de servirle como misionero. Y una paz como nunca antes había experimentado llenó su corazón. El leñador temerario había sido vindicado.

CAPÍTULO 3

¿Es la evangelización del mundo la tarea suprema de la iglesia?

INVITO A MIS LECTORES a leer conmigo la porción bíblica contenida en Ezequiel 3.17-19. Voy a cambiar algunas de las palabras en este pasaje a fin de poderlas aplicar a la actualidad. Nótense con cuidado los cambios. Deseo parafrasear el pasaje de modo que haga referencia a la obra misionera. Leámoslo ahora, entonces, comenzando con el versículo 17:

«Obrero cristiano, yo te he puesto por atalaya: oirás, pues, mi palabra, y los amonestarás de mi parte. Cuando yo diga al impío: "De cierto morirás", si tú no le amonestas ni le hablas, para que el impío sea advertido de su mal camino a fin de que viva, el impío morirá por su maldad, *pero su sangre demandaré de tu mano*. Pero si tú amonestaras al impío, y él no se convierte de su impiedad y de su mal camino, él morirá por su maldad, pero tú habrás librado tu vida.»

«Su sangre demandaré de tu mano». Al leer esas palabras me pongo a temblar. «Su sangre demandaré de tu mano.»

A través de los años, mi vida ha sido poderosamente inspirada por los lemas misioneros. Séame permitido citar aquí uno que ha tenido mayor significado para mí que cualquier otro: *La suprema tarea de la iglesia es la evangelización del mundo.* Yo creo de todo corazón que eso es cierto. La obra más importante que tiene que cumplir la iglesia es la evangelización del mundo.

Mundo

Tomaré a continuación tres de las palabras de este lema y pondré énfasis sobre ellas una por una. Ante todo he de tomar la última palabra: *mundo.* La suprema tarea de la iglesia es la evangelización del *mundo.* ¡Cuánto amó Dios al mundo! Cuando dio a su Hijo, lo dio para el mundo. Cuando murió Jesucristo, murió por el mundo. La visión de Dios es una visión del mundo. Y tal es la visión que Él quiere que tengamos.

Muchos de nosotros somos unilaterales en nuestra visión. Vemos solamente nuestra propia comunidad, nuestro propio pueblo o ciudad y nunca trascendemos esas fronteras. Los que así hacen piensan sólo en su propia iglesia y no se interesan en los demás. Hay otros que avanzan un poco más con su visión. Ven toda una ciudad o una provincia y están dispuestos a dar su dinero y trabajo a fin de evangelizarla. Pero esta también es una visión corta porque sus fronteras están limitadas por la ciudad o provincia en la cual viven. Pero hay quienes avanzan un poco más todavía. Ven todo un país y están prontos a trabajar a fin de evangelizarlo. Lamentablemente debemos decir lo mismo de éstos. No ven más allá del país donde viven. Y el mismo mal les alcanza a los que ven todo un continente y están dispuestos a hacer todo lo posible por evangelizarlo. Los límites de esa visión son los mismos que los de ese continente. Por fin, están los que ven *todo* el mundo. Los que en su visión incluyen Europa, Asia, África, América del Norte y del Sur y las islas de Oceanía. Tienen la misma visión que Dios quiere que tengamos: la visión del mundo.

¿Por qué será que tantos de nosotros tenemos solamente una visión limitada? ¿Por qué será que pensamos tanto solamente en nosotros mismos? ¿Será cierto que Dios se interesa más en la raza negra que vive en este continente que en la raza amarilla que vive en otro? ¿Se preocupa más por la raza morena que por la blanca? ¿Será que por nuestra miopía no tenemos una visión del mundo? En cierta ocasión salía yo de Jamaica viajando por avión. Al iniciarse el vuelo veía desde las ventanillas los alrededores del aeropuerto. Luego, al tomar mayor altura pude ver los campos y las casas de los agricultores. Y cuanto más alto tanto más podía ver a la distancia los valles y las montañas. Finalmente me fue posible ver toda la isla de Jamaica yaciendo como una joya en el seno del Caribe; y si hubiese sido posible ir más alto todavía podría haber visto todas las Antillas al mismo tiempo.

Desde su lugar en las alturas, Dios puede mirar hacia abajo sobre el mundo entero y ver cada nación, cada continente y cada isla con una sola mirada. Si pudiéramos viajar lo suficientemente lejos, veríamos al mundo tal como Jesús lo ve. Pero algunos no hemos viajado nunca y nunca hemos escuchado a aquellos que han viajado. No estudiamos la Geografía. Poco sabemos del mundo más allá de nuestro país.

¿Cómo es que creemos que nosotros somos *el* pueblo y que somos más importantes que los demás pueblos del mundo? En todas partes adonde voy, oigo expresar ese sentir. Cuando estuve en Inglaterra allí oía decir a la gente: «Nosotros somos el pueblo». Al viajar por los Estados Unidos, Australia y Nueva Zelanda oigo lo mismo. En cierta ocasión visitaba una pequeña isla del Pacífico y aun allí los nativos decían: «Nosotros somos el pueblo». Solían decirme algo más o menos así: «¿Cómo es que ustedes los norteamericanos viven allí en las afueras del mundo civilizado? ¿Cómo es que no viven más cerca del centro de este mundo?» La idea era que nosotros, los británicos y norteamericanos, vivíamos como separados de la civilización, mientras que ellos, los nativos de esas islas del Pacífico, viven en el mismo centro del mundo. Lo que pasaba era que tenían una visión local, no tenían una visión mundial. Se creían la gente más importante del mundo.

¿Será —me pregunto— porque nos creemos los más numerosos? Temo que algunos de nosotros no nos demos cuenta de que hay naciones en el mundo que tienen mayor número de habitantes de lo que tiene nuestra propia nación. No somos las únicas piedritas sobre la playa.

Estando yo en las Indias Orientales Holandesas[3] viajaba por la isla de Java. Me encontré con que me fue posible cruzar esta isla de este a oeste en unas doce horas y de norte a sur en unas cuatro horas. ¿Se me creerá al afirmar que Java es uno de los puntos más densamente poblados

---

[3] En la actualidad, Indonesia.

del globo terrestre? Viven en esa pequeña isla cincuenta millones de habitantes.[4] Es posible colocar en Canadá quince islas del tamaño de Java y aún sobraría lugar; y sin embargo, Java tiene más que la tercera parte de la población de los Estados Unidos. Si Dios se interesara en cifras, entonces Él tendría más interés en Java que en mi país, el Canadá, porque si bien es cierto que son quince millones los habitantes de Canadá, hay, como acabo de decir, cincuenta millones en Java.

Si Dios se interesara en las estadísticas, entonces se interesaría más por Rusia que por los Estados Unidos, puesto que si bien hay ciento cincuenta millones de habitantes en los Estados Unidos, hay doscientos millones en Rusia. Esta es la nación blanca más grande de la tierra, con sus doscientos millones. Pero una vez más, si Dios se interesara en las estadísticas, entonces se interesaría más por la India que por Rusia, porque si bien hay doscientos millones de habitantes en Rusia, hay dos veces más en la India. Y por último, se interesaría más por la China que por la India, puesto que si la India tiene cuatrocientos millones de habitantes, la China tiene más de cuatrocientos setenta y cinco millones de habitantes, siendo ésta la nación más grande del mundo desde el punto de vista numérico. De cada cinco criaturas que nacen en el mundo, una de ellas nace en la China. Alguien ha dicho: «Dios ha de querer mucho a los chinos, puesto que ha hecho tantos de ellos».

Mi propia patria, Canadá, vista desde el punto de vista numérico, no es más que la punta de un alfiler sobre el

---

[4] Los datos poblacionales en este caso, como en el resto del libro, no han sido actualizados.

mapa. Y si sucediese que las aguas del Pacífico creciesen por la noche e inundaran el Canadá, supongo que al día siguiente aparecería en los diarios neoyorquinos, con grandes titulares, un artículo intitulado: «Anoche Canadá desapareció de entre la familia de las naciones». Eso es todo lo que valemos. Desde el punto de vista numérico nuestra importancia no cuenta. ¿Por qué, entonces, nos imaginamos ser *el* pueblo? ¿Por qué tener una visión tan limitada? ¿Por qué estimarnos como de más importancia que otras gentes del mundo? ¿Qué razón hay para que Dios se interese más en nosotros que en otras naciones? ¡Ojalá nos dé una visión mundial, para que trabajemos por la evangelización del mundo entero, por el cual Cristo murió, y que podamos así ver al mundo como Él lo ve!

Suprema

Consideremos otra palabra en nuestro lema, la palabra *suprema*. La tarea *suprema* de la iglesia es la evangelización del mundo.

Si la evangelización del mundo es nuestra obra más importante, al efectuarse una Conferencia Misionera debiéramos dejar a un lado toda otra cosa y asistir a cada sesión. De otro modo damos más importancia a alguna otra cosa, o no creemos que esta obra es de primera importancia. Damos a entender por nuestras acciones que la obra misionera ocupa un puesto secundario.

En segundo lugar, si la evangelización del mundo es de primera importancia, deberíamos concentrarnos en contribuir para tal obra y dejar a quienes no tienen esa visión, que contribuyan para otras obras. Siempre habrá suficiente para la obra local, porque siempre hay los que dan el primer lugar a la obra local. Muchas de esas causas que merecen ser atendidas aquí en el país lo serán debidamente, puesto que solamente la minoría se interesará en la suprema tarea de la iglesia.

Si damos el primer lugar a la obra misionera, entonces daremos más para esa obra que para cualquiera otra. De otro modo, alguna otra causa ocupará el lugar de preferencia. Entre mis lectores habrá, sin duda, hombres de negocio, cada uno con su empresa particular. Ahora bien, posiblemente tendrán un departamento o sección de la empresa que consideran de más importancia que las otras secciones. ¿En qué sección se invierte la mayor parte del superávit? En aquella sección de más importancia, por supuesto. ¿Y por qué se hace así? Porque se desea desarrollar el departamento más importante de la empresa. ¡Y así es en lo que se refiere a la obra misionera! Si la evangelización del mundo es la obra más importante de la iglesia, entonces debemos invertir la mayor parte de nuestro dinero en el departamento más importante. Al no hacer así, no damos el primer lugar a esta obra y no creemos que la evangelización del mundo es la suprema tarea de la iglesia. Encuentro que son realmente pocos los pastores que creen que su obra más importante es la de la evangelización del mundo.

Esto me lleva a afirmar que cada iglesia debería gastar más en la obra misionera que en la obra local. Y es más lógico. Si creemos que la obra misionera tiene prioridad, entonces deberíamos invertir más dinero en el extranjero que en nuestras propias iglesias.

Quizá se preguntará: «¿Y su propia congregación, la

Iglesia de los Pueblos, de la cual usted es pastor: destina para las misiones al extranjero más que para sus propias necesidades?» Me alegro poder decirle que no ha habido un año desde que fui nombrado pastor de la Iglesia de los Pueblos que hayamos invertido, ni aproximadamente para necesidades locales, la cantidad de dinero que hemos enviado a los campos misioneros del mundo.

En enero pasado le formulé dos preguntas a los auditores, por medio de nuestro tesorero. La primera:

—¿Qué cantidad de dinero gastamos en la obra local el año pasado?

Después de haber revisado los libros ellos contestaron:

—Doctor Smith, el año pasado se gastaron 39.000 dólares en la obra local.

Luego hice la segunda pregunta:

—¿Cuánto remitimos a los campos misioneros?

De nuevo me contestaron:

—El año pasado la iglesia envió la cantidad de 282.000 dólares para la obra misionera.

—Espléndido —dije —, pero ¿no ha habido un error? ¿No será que empleamos 282.000 dólares en la obra local y que enviamos 39.000 para la obra misionera?

—No —respondieron—, no nos hemos equivocado. Ustedes remitieron 282.000 para el campo misionero y gastaron 39.000 en la obra local.

—Magnífico —contesté—, así ha sido siempre, y así deberá ser siempre.

Y si llegase el momento en que la Junta Directiva de mi iglesia decidiese emplear más dinero localmente que en la obra misionera, recibirían de inmediato mi renuncia. Yo no quisiera ser pastor de una iglesia que gasta egoístamente más dinero en sus propias necesidades, en el campo doméstico, que lo que envía al campo misionero. Me siento muy feliz en saber que gastamos solamente 39.000 dólares en casa y 282.000 dólares para la obra misionera.

Al hacerme cargo de la Iglesia de los Pueblos en Toronto, hace ya muchos años, me dijeron todo menos una sola cosa. El domingo de mañana en que iba a predicar mi primer sermón, el tesorero se me acercó con una expresión algo pesimista en su rostro y me dijo: «Doctor Smith, le hemos dicho todo en cuanto a esta iglesia menos una sola cosa. —Luego hizo una pausa, esperé a que continuase, y me expresó—: Pesa sobre esta iglesia una deuda considerable. Debemos muchísimo y los fondos se hallan agotados». Luego me miró como si esperara que yo metiera la mano en el bolsillo a fin de sacar dinero para pagar las deudas.

En lugar de hacer eso, me di vuelta y me dirigí al púlpito, y mientras iba oraba: «Señor, desde hace mucho he deseado averiguar si es verdad o no cierto pasaje de tu Palabra». Claro está, yo quería decir, en un sentido práctico. Me refería a aquel pasaje: «Buscad primeramente el reino de Dios [la extensión por todo el mundo de ese reino de Dios] y todas estas cosas os serán añadidas» (Mateo 6.33). Aquella mañana prediqué mi primer sermón misionero.

Llegó la tarde del domingo. Fue mi primer domingo. Yo debería haber preparado algún mensaje evangelístico, pero nuevamente me sentía inspirado a hablar sobre la obra misionera, y así lo hice. Luego invité a la gente a volver cada noche de esa semana. Vinieron, y el lunes les hablé nuevamente sobre la obra misionera. El martes recibieron otra dosis. El miércoles tuvieron que escuchar otro sermón sobre la obra misionera. Lo mismo sucedió el jueves. Al llegar el viernes, la asistencia fue mayor que nunca; pudiera ser que fuera por mera curiosidad, pero nuevamente hablé de la obra misionera.

Supongo que se deben haber cruzado de brazos y dicho: «No podemos comprender a nuestro nuevo pastor. Parecería que no sabe hablar más que de la obra misionera. Pero ya llega el segundo domingo. Quizá empezará a predicar de veras».

Llegó el segundo domingo. Me acuerdo de ello como si fuera ayer. En el culto matutino hice el anuncio: «Se han de efectuar tres cultos hoy, y en cada uno se levantará una ofrenda para la obra misionera: uno esta mañana, otro esta tarde, y el último esta noche». Algunos me miraron atónitos, pero yo ya había iniciado mi obra misionera, secundado por un misionero, con miras a una Conferencia Misionera, y estaba resuelto a seguir adelante. Aquella mañana prediqué sobre misiones y se levantó una ofrenda misionera. Lo mismo hice de tarde, y nuevamente de noche. Apenas hice referencia a las necesidades locales, invitándolos por el contrario a dar todo el dinero que fuera posible para la obra misionera.

Pero he aquí el resultado: se interesaron tanto, y se despertaron hasta el punto que la asistencia fue siempre en aumento. Se convirtieron almas al Señor y en poco tiempo los asientos no alcanzaron para acomodar la concurrencia. No tardaron en tener la visión y empezaron a dar, como nunca habían dado, y dentro de pocas semanas, sin mencionar casi las obligaciones locales, se pagaron todas las deudas, y a partir de aquel entonces no hemos oído más la palabra deuda en relación con las obligaciones de nuestra iglesia. Descubrimos que cuando se pone lo más importante en primer lugar, Dios obra.

La dificultad con la iglesia promedio es que hacen las cosas al revés: ponen el carro delante del caballo, y luego le piden al pastor que se suba y dirija el carro. Por supuesto que así no resulta. Si solamente obráramos de acuerdo con el plan de Dios, tendríamos éxito y no habría problemas. «Buscad primeramente el reino de Dios y su justicia, y todas estas cosas os serán añadidas». El plan divino es el plan perfecto y jamás falla.

Si yo fuera llamado a otra iglesia, y hallara que esa iglesia está luchando con deudas, haría exactamente lo mismo otra vez. Convocaría a una gran Conferencia Misionera, reuniría tanto dinero como fuera posible para las misiones, y luego confiaría en que Dios me ayudara y cuidara de las obligaciones locales, ¡y Él lo haría! Lo único que tenemos que hacer es dar prioridad a las cosas más importantes y luego observar cómo Dios obra.

Iglesia

La tercera palabra sobre la cual deseo poner énfasis es la palabra *iglesia*. La suprema tarea de la *iglesia* es la evangelización del mundo. Cuando pienso en la iglesia pienso en el total de la iglesia, y no en un mero departamento o una organización dentro de ella. Por ejemplo, no tenemos en mi iglesia una Sociedad Misionera Femenina. Nunca la hemos tenido y nunca la tendremos. No porque yo esté en contra de una sociedad así. Agradezco a Dios por todas las sociedades misioneras femeninas. Algunas veces la única luz misionera que brilla es la de una sociedad misionera femenina. Pero en dos minutos podré mostrar el porqué es imposible para nosotros tener una organización como ésta.

Supongamos que yo reuniese un pequeño grupo de mujeres, digamos doce o más, y supongamos que yo dijese a esas hermanas: «Ahora ustedes se han de organizar en una Sociedad Misionera Femenina, y el trabajo que deberán hacer es evangelizar el mundo». En ese caso, ¿qué es lo que yo estaría diciendo a los demás miembros de mi iglesia? Estaría diciéndoles: «Esta no es la obra más importante de la iglesia. Es solamente una parte de nuestra tarea, uno más de los muchos departamentos y actividades de nuestra iglesia. Que estas hermanas cuiden de ello. Ellas pueden hacerse cargo de la evangelización del mundo y los demás —nosotros, los hombres— haremos algo que realmente valga la pena».

¡No, mis amigos! Cada hombre de mi iglesia es miembro de la Sociedad Misionera. E insisto, hasta donde me es posible, que cada uno de los ochenta o más miembros del coro acepte su responsabilidad; que cada uno de los ancianos y diáconos, ciento veinte en total, sienta esa carga; que cada ujier, cada maestro de la Escuela Dominical y cada funcionario, cada niño y niña, contribuya para la obra misionera. No queremos que los padres contribuyan por los niños. Enseñamos a los niños a tomar sobre sí la responsabilidad de contribuir. Desde la edad de cinco o seis años se les enseña a dar sistemáticamente. Luego cuando son grandes no hay problema. Han aprendido a contribuir.

Esta obra es, en verdad, demasiado importante como para confiarla a una sola organización dentro de la iglesia. Y cuando todos y cada uno captan la visión, y hacen algo, entonces se alcanza la meta y se cubre el presupuesto. Nuestro lema es: «Cada cristiano un misionero». La obra misionera es responsabilidad de toda la iglesia.

Cómo se hace

En todas partes adonde voy, se me hace la misma pregunta: «¿Cómo consigue usted esas ofrendas? ¿De dónde sale el dinero? Usted debe tener una iglesia de millonarios». Esto es lo que pensó el director de un periódico católico canadiense, cuando vio nuestro informe en la prensa diaria. Me escribió preguntándome si era así y, cuando le contesté negativamente, quedó atónito. Escribió un largo artículo en su publicación católica, declarando que una iglesia protestante, dirigida por —así decía él— un celoso pastor, daba más para las misiones que todas las iglesias católicas desde Ontario hasta la costa juntas. «Nosotros —escribió— somos los verdaderos custodios de la ley, sin embargo, permitimos que una iglesia protestante nos sobrepase. Avergoncémonos». Su idea era, naturalmente, la de provocar a los católicos para que contribuyeran más. No, no tenemos millonarios. De hecho, no contamos con ninguna fortuna en la iglesia. Nuestras ofrendas son recibidas por medio de la contribución de gente que pertenece al común del pueblo.

Cierta vez, un funcionario de la Junta de Misiones Extranjeras de una gran denominación me preguntó el secreto, queriendo saber por qué había decrecido la ofrenda de su denominación.

—Doctor Fulano —le dije— ustedes han puesto las misiones en el presupuesto y apelan a la gente para un presupuesto muerto, frío, y luego dividen el dinero como creen mejor. Eso nunca funcionará. El evangelismo mundial es demasiado importante como para que se lo pueda poner dentro de un presupuesto. Ustedes tendrán que sacarlo del presupuesto y ponerlo en la plataforma donde la gente pueda verlo. Tendrán que volver a las grandes concentraciones misioneras de los días del Movimiento Estudiantil Voluntario, cuando multitudes de jóvenes y señoritas fueron inspirados para salir al campo. La gente nunca va a dar para un presupuesto. Deben recibir inspiración.

Admitió que yo tenía razón.

¿Cómo lo conseguiremos? Quizá ayudará si les explico cómo *no* lo conseguiremos. No lo reunimos por medio de cenas, bazares, conciertos, ni ventas de cosas usadas. No es porque yo esté en contra de tales métodos, sino porque no funcionan. ¿Qué hace un hombre de negocios cuando se encuentra con un método que no funciona? Lo elimina, ¿no es verdad? Ahora bien, yo soy responsable, humanamente hablando, del sostén de trescientos cincuenta misioneros. Cada mes de mi vida debo conseguir aproximadamente 20.000 dólares o, hablando humanamente, se morirán de hambre. ¿Cuántos de mis lectores negociantes tienen una responsabilidad tan pesada? ¿Qué harían ustedes si tuvieran que levantar 20.000 dólares por mes y si trescientos cincuenta obreros dependieran de ustedes? Séame permitido hacer un paréntesis para decir que Dios no ha fallado ni una sola vez. Ya sea que yo esté en mi tierra o en el campo misionero, o celebrando campañas evangelísticas en Gran Bretaña o Australia, el dinero viene y todas las partidas se cumplen.

Dígame ahora si han sabido de una venta de cosas usadas que produzca 20.000 dólares. Si no es así, ¿para qué sirve? ¿Me criticarán por eliminar un método que no produce lo que necesito? Nunca supe que fuera así. Bien, entonces, ¿qué hago? Me oriento hacia otro método, por supuesto, un método que produzca la cantidad necesaria. Mucha gente tiene la idea de que cuando murió Jorge Müller, se murió también el Dios de Jorge Müller. Dios no está muerto. El Dios de Elías todavía vive. «¿No te he dicho que si crees verás la gloria de Dios?» (Juan 11.40). «Al que cree todo le es posible» (Marcos 9.23).

Cada año, por más de un cuarto de siglo, hemos tenido una Conferencia Misionera. Solía ser de una semana. Ahora la tenemos de cuatro semanas y cinco domingos. Después de dar a la gente una visión de las misiones, de mañana, de tarde y de noche, levantamos una ofrenda de Promesas de Fe. Nuestra gente indica el monto con que contribuirá durante los doce meses siguientes. ¿Funciona eso? Permítaseme dar un par de ejemplos.

La iglesia de la calle Park, en Boston, me pidió que celebrara una campaña evangelística. Lo hice. El auditorio fue colmado, con muchos en las escaleras, y un gran número, mayormente gente joven, encontró a Cristo. El pastor, doctor Harold Ockenga, me pidió que fuera a su escritorio. «Doctor Smith —me dijo—, esta iglesia nunca ha tenido una Conferencia Misionera en los ciento treinta y cinco años de su historia. ¿Querría usted venir y celebrar una aquí?» Pregunté al doctor Ockenga cuánto daba entonces su iglesia para las misiones. Me contestó que 3.200 dólares anuales. Al año siguiente, tomé conmigo un grupo de misioneros y celebré una conferencia en la iglesia de la calle Park. Volví año tras año, seis veces seguidas. El año pasado la iglesia dio más de 200.000 dólares. Piénsese en esto: hace unos años, 3.200 dólares; ahora, 200.000. Todo como resultado de una Conferencia Misionera anual.

El otro ejemplo es el de mi propia iglesia. Celebré mi primera conferencia hace unos treinta años. La ofrenda de ese año fue de 3.500 dólares. Este año celebré la última. La ofrenda fue de 290.000 dólares para misiones. Las ofrendas totales ahora pasan los tres millones de dólares. Esto es lo que hacen las conferencias. Esta es la forma en que la gente obtiene una visión y cuando tienen una visión, contribuyen.

Esto no es cosa difícil. Lo puede hacer cualquier iglesia. Todo lo que hay que hacer es que todos alcancen la visión y que todos tomen parte. Hace unos años, nuestra contribución era de un promedio de cinco dólares anuales por persona. Pero, contando con tres mil contribuyentes llegábamos a 15.000 dólares para misiones. Luego, alcanzamos un promedio de diez dólares cada uno y llegamos a los 30.000 anuales. Luego llegamos al promedio de quince dólares. Eso nos dio 45.000 dólares para misiones. Eso era sólo juego de niños. Cualquier chico puede ganar quince dólares anuales. Sólo es algo más de un dólar al mes. Hace unos años mi hijo Pablo hacía golosinas para vender y daba esa suma. Tengo en mi iglesia a gente humilde que dan más del doble. Finalmente, el promedio llegó a 55 dólares. Como se ve, lo único que hay que hacer es dar la visión a toda la iglesia y cuando cada uno se transforma en un contribuyente sistemático, el problema está resuelto.

Algún día, millones y millones de paganos marcharán ante el trono, señalándote con el dedo acusador y clamando:

—Nadie se preocupó por mi alma.

Y entonces tú y yo trataremos de justificarnos diciendo:

—Señor, ¿soy yo guarda de mi hermano?

Y Dios responderá:

—La voz de la sangre de tu hermano clama a mí desde el África, desde la China, desde las islas del Pacífico.

La voz de la sangre de tu hermano. Sí, y tú irás al cielo, salvado, pero con sangre en tus manos, la sangre de aquellos que pudiste haber ganado si hubieras ido o enviado a alguno en tu lugar.

No es cosa fácil ser atalaya. «Su sangre reclamaré de tu mano». ¿Qué vas a hacer frente a esto?

CAPÍTULO 4

¿Por qué escuchar el evangelio dos veces antes que todos lo hayan escuchado una vez?

RECURRAMOS a Mateo 9.35-38: «Y recorría Jesús todas las ciudades y aldeas». Note por favor, que «recorría» todas las ciudades y aldeas. No se instaló en ninguna comunidad. Jesús nunca fue un pastor. Se hallaba continuamente en marcha. «Y recorría Jesús todas las ciudades y aldeas, enseñando en las sinagogas de ellos, predicando el evangelio del Reino y sanando toda enfermedad y toda dolencia en el pueblo».

Pero, «al ver las multitudes tuvo compasión de ellas». ¿Y qué nos acontece a nosotros? ¿Qué sucede cuando vemos las multitudes? ¿Tenemos compasión de ellas? Él tuvo compasión de ellas, porque estaban desamparadas y dispersas «como ovejas que no tienen pastor».

«Entonces dijo a sus discípulos: "A la verdad la mies

es mucha, pero los obreros pocos"». Este es, pues, el problema. Y el problema de aquellos días es también el de nuestros días: mucha mies, pocos obreros. Nacen más niños paganos que nunca antes. Ahora bien, para tal dramática situación, la solución sigue siendo: «Rogad, pues, al Señor de la mies, que envíe obreros a su mies».

¿Podría quedarme en Canadá?

Hace años, recorrí la Biblia para ver si podía quedarme en Canadá y seguir obedeciendo a Dios. Me preguntaba si sería posible disfrutar de un confortable pastorado: no cruzar nunca las fronteras de mi país y seguir cumpliendo con los mandamientos de mi Señor. ¿Quedaría Dios conforme?

Al estudiar la Biblia, hallé expresiones como éstas: «todas las naciones», «todo el mundo», «toda criatura», «todo linaje, lengua, pueblo y nación»; «los extremos de la tierra». En otras palabras, descubrí que el evangelio debía ser presentado al mundo entero. Cada nación y lengua debían escucharlo.

Cuando vi eso, la pregunta fue: ¿viven todas las naciones en Canadá? Si así fuese, y si no hubiesen naciones viviendo fuera de las fronteras de mi patria, entonces podría permanecer en ella, predicar aquí el evangelio y nunca franquear los límites. Pero si existe una nación fuera de los límites de Canadá, tengo la obligación de dejar mi país, cruzar fronteras e ir a esa nación. Si yo no puedo, tengo que hallar sustitutos y enviarles como mis representantes. Y si nada de ello hago, seré un cristiano falto en el día de la recompensa.

Amigo, ¿cuál es tu situación? Sabes que el evangelio debe ser presentado a todas las naciones, a todo el mundo, lengua y pueblo, hasta las partes más remotas de la tierra. ¿Qué haces tú en este sentido? ¿ Qué es lo que harás? O debes ir tú mismo o debes enviar a alguien en tu lugar, y ¡ay de ti si nada llevas a cabo! Las órdenes de Dios han de obedecerse, sus mandamientos han de ser ejecutados: no hay camino para eludirlos.

Traté de ir

Cuando tenía dieciocho años fui a los indios de la Columbia Británica. Habité completamente solo en una pequeña choza en una reserva indígena cerca de Alaska, a unos seis mil kilómetros de mi hogar. Allí permanecí algo más de un año, dándome cuenta que necesitaba más preparación. Al fin retorné a la civilización, siguiendo por seis años un curso de teología, hasta que logré graduarme y ordenarme para el ministerio del evangelio.

Me presenté ante la Junta de Misiones Extranjeras de la Iglesia Presbiteriana y me ofrecí para trabajar en la India. Mi caso fue considerado con mucho cuidado; tuve que presentarme personalmente ante las autoridades y al fin se llegó a una decisión: fui rechazado. Las autoridades pensaban que no era persona adecuada para el trabajo misionero y así fui desechado.

Volví a mi tierra para trabajar allí. Asumí el pastorado de la Iglesia Presbiteriana de Dale, Toronto, y luego del Tabernáculo de la Alianza; pero no me hallaba satisfecho. Yo sabía que debía hacer algo. Había captado la visión. Finalmente, la emprendí por mi propia cuenta, yendo a los campos misioneros rusos de Europa, predicando a extensas multitudes por todas partes de Letonia, Estonia, Polonia, ganando muchas almas para Cristo. Un día, después de haber predicado hasta quedar extenuado, caí sin fuerzas y regresé a mi patria.

Viajé por todos los Estados Unidos y Canadá, realizando campañas de evangelización hasta que volví a sentir el clamor de la necesidad y fui a España, pero nuevamente me enfermé y tuve que regresar.

Luego me hice cargo de la Iglesia de los Pueblos, en Toronto. Eso fue en el año 1930. Dos años más tarde, me di cuenta de la urgencia y salí para África. A caballo me interné en el interior, en compañía del doctor Tomás Lambie, cabalgando unos cuarenta y cinco kilómetros al día, hasta que me desplomé sobre los altos pastizales del África. Después de una seria enfermedad que duró seis semanas, volví nuevamente a la civilización.

Por ese tiempo comencé a sentir que la Junta había estado en lo cierto y que yo no era apto para la obra misionera. Sin embargo, yo había tenido la visión, sabía que otras naciones deberían escuchar el evangelio, y en el año 1933 salí nuevamente con la decisión de hacer mi parte para ayudar a la evangelización del mundo. Esta vez me dirigí al lejano Pacífico y, luego de haber viajado en vapor durante treinta y un días, día y noche, me hallé predicando a los caníbales y los cristianos de las islas Salomón. Al final, contraje la malaria, que duró tres años, y nuevamente me sentí debilitado hasta que un día el doctor Northeote Deck y los otros misioneros me embarcaron a bordo de un vapor y me enviaron de regreso a mi obra en Toronto.

Había tratado de ir y había llegado a visitar más de cuarenta países para descubrir que sería sumamente difícil para mí residir en clima tropical.

Busqué sustitutos

En los primeros días de mi ministerio, al darme cuenta de que yo mismo no podría salir, me puse a buscar sustitutos. Un día me acerqué al reverendo J. H. W. Cook, dirigente de la Unión Evangélica en América del Sur.

—¿Desea usted enviar nuevos misioneros? —le pregunté.

—Sí —contestó—. Disponemos de cinco que están listos para ir.

—¿Por qué no los envía? —insistí.

—No tenemos recursos financieros —fue la contestación.

—Si yo tengo éxito para lograr los fondos para sus viajes, ¿me permitirá usted ayudarles? —pregunté nuevamente.

Su rostro resplandeció al responder afirmativamente.

Jamás olvidaré el día cuando invité a que ocupasen la plataforma esos cinco misioneros en la Iglesia de los Pueblos y pronuncié ante la congregación el desafío de enviarles. Así lo hicieron. Los cinco llegaron a ser diez; los diez, veinte; los veinte, cuarenta; los cuarenta, cien; los cien, doscientos; los docientos, trescientos cincuenta. Ahora tenemos un ejército de obreros sirviendo como nuestros reemplazantes en unos cuarenta campos misioneros diferentes, bajo treinta y cinco agencias misioneras de fe, y nosotros proveemos de su sostenimiento personal.

Pero... ¡no estoy satisfecho! Oro constantemente y ésta es mi oración: «Señor déjame vivir, si es tu voluntad, hasta que tengamos cuatrocientos misioneros en diversos campos de la tierra». Creo que es esa la cantidad que debería sostener la Iglesia de los Pueblos y nunca estaré satisfecho hasta que no alcancemos, por lo menos, esa cantidad de misioneros en regiones fuera de nuestras fronteras.

Para eso vivo. Para eso existo. Soy pastor en segundo lugar; misionero en primer lugar. Soy himnólogo en segundo lugar; misionero en primer lugar. Soy escritor en segundo lugar; misionero en primer lugar. Traté de ir yo mismo, fui, pero en cada ocasión me parecía que tenía que regresar; llegué a saber que tan sólo había una cosa que podía hacer: enviar a otros. Por esa razón viajo por todos los Estados Unidos, Canadá, Australia, Nueva Zelanda y Gran Bretaña. Voy para organizar congresos misioneros y desafiar a los jóvenes. Debo hacer todo lo que me sea posible para hallar y enviar sustitutos.

Ciudades vecinas

Hace poco oí el relato de cómo Jesús fue a todas las ciudades y aldeas. ¿Recuerdas el tiempo cuando desapareció después de haber trabajado en cierta ciudad? ¿Y tienes también presente cómo los discípulos salieron en busca suya, en horas de la mañana y cómo al fin le hallaron sobre una montaña, sumido en oración?

—¡Maestro —exclamaron—, el gentío te espera! Hay muchos enfermos para ser curados. Retorna y termina tu trabajo. Hay otros en la ciudad en la que trabajaste ayer, que desean escucharte.

Sí, puedo imaginarme al Maestro, con su vista enfocando a la distancia, valles y montañas, contestando de esta manera:

—Debo predicar en las ciudades vecinas, porque para ello he sido enviado—. Pensaba, como siempre lo hacía, en las ciudades próximas, y en la siguiente, y en la de más allá. Pensaba en aquellas ciudades en las que aún jamás había trabajado; y deseaba ir para que también allí pudiesen escuchar el evangelio. Siempre tenía en su mente la otra oveja.

Pablo tuvo la misma visión. Hablaba de los «lugares más allá» (2 Corintios 10.16), zonas no ocupadas. Dijo que deseaba ir a España y a Roma (Romanos 15.23-24). El también comprendió que el evangelio debía llevarse «a todo el mundo».

Sabemos que toda la parte norte de África fue evangelizada en un tiempo, y que había allí cientos de iglesias cristianas. ¿Nos damos cuenta de que algunos de nuestros más grandes teólogos surgieron del África del Norte en los primeros siglos de la era cristiana? Pero, ¿qué sucedió? El África del Norte se tornó musulmana, y por espacio de cientos de años, apenas si quedó vestigio de cristiandad. Las velas alumbraron muy bajo y cada vez menos, hasta que al fin se apagaron y la luz que tanto había brillado se extinguió. ¿Cómo explicar este hecho? Permítanme hacerlo.

Los dirigentes religiosos y teólogos de África del Norte entraron en controversia en lugar de predicar el evangelio, y comenzaron discusiones teológicas argumentando unos contra otros sobre la doctrina cristiana. ¿Qué deberían haber hecho? Deberían haber ido a las ciudades siguientes, al sur, y luego a las ciudades próximas al sur de esas. ¿Qué habría sucedido? En poco tiempo habrían alcanzado Ciudad del Cabo, y habría sido evangelizada toda África hace varios cientos de años. África podría haber enviado misioneros a Europa, y hasta a América.

Eso, hermanos, puede llegar a sucedernos aquí. Sí, y ya está sucediendo aquí. Hay iglesias en los Estados Unidos como en el Canadá, como en Gran Bretaña, Australia o Nueva Zelanda —cientos de ellas— que llegaron a tornarse en meros clubes sociales, y si la iglesia de Jesucristo no despierta y da el evangelio a todo el mundo, lo que aconteció en África acontecerá aquí. «La luz de mayor alcance es la que brilla más intensamente en casa».

El campo es el mundo

Pero, preguntarán ustedes: «¿Por qué ir antes de que todos hayan sido salvados aquí? ¡Hay tanto que hacer en casa! ¿Por qué no completar la obra en nuestra patria, antes de salir al campo extranjero?» Donde quiera que voy se me formula esta pregunta. Déjenme contestar haciendo otras cuatro:

PRIMERA: ¿Por qué dejó David Livingstone Escocia y fue al África antes que todos los de Escocia llegaran a ser cristianos? ¿ Por qué hay miles en Escocia que no se han decidido aún por Cristo? Y a pesar de ello hace años, Livingstone, dejó su propio país y fue al África oscura y llena de tinieblas. Yo les pregunto: ¿por qué?

SEGUNDA: ¿Por qué Guillermo Carey dejó Inglaterra y fue a la India antes de que cada inglés hubiese llegado a ser cristiano? ¿Por qué? Aún hay en Inglaterra quienes no han sido ganados para Cristo.

TERCERA: ¿Por qué Judson dejó América para ir a Birmania antes de que todos en América hubiesen sido ganados para Cristo? ¿Por qué? Hay aún en los Estados Unidos muchos que no han sido llevados a los pies de Cristo.

CUARTA: ¿por qué el apóstol Pablo salió para Europa antes de que toda Palestina hubiera oído el evangelio? ¿Por qué? Pablo, lo recordarán, deliberadamente salió de su propio país y fue a nuestros antepasados en Europa para llevarlos al Señor. ¿Por qué lo hizo así? ¿No debería haber permanecido en Palestina, por lo menos hasta que todos oyesen el mensaje?

Amigos, sólo hay una contestación y la doy con una expresión bíblica: «El campo es el mundo» (Mateo 13.38). Estados Unidos no es el mundo, Gran Bretaña no es el mundo: ¡el campo es el mundo! Nunca habrá un labrador que trabaje solamente en un rinconcito de su propiedad. El labrador atiende toda su propiedad, su campo. Estados Unidos es tan sólo un rincón; Canadá es apenas un pequeño rincón. El mundo, todo el mundo debe ser evangelizado. Y dado que «el campo es el mundo» debemos ir a cada parte de él. La obra es una y debe realizarse, no rincón por rincón, sino como un todo.

Las tabacaleras tienen agentes en los más distantes lugares. Millones de cigarrillos se fabrican creando nuevas demandas. ¿Diría usted, acaso, que la razón es porque ya no hay demanda nacional? De ninguna manera. La demanda aquí —especialmente desde que las mujeres por el uso del tabaco bajaron del alto pedestal en el cual en otro tiempo estaban— es mayor que nunca. A pesar de ello las fábricas de cigarrillos envían sus «misioneros» a países del extranjero. Necesitan nuevos mercados. Son más sabios que nosotros. Por ello, después de todo haríamos bien en emularlos. Nunca ha sido la voluntad de Dios que quedásemos en casa hasta que aquí el trabajo hubiese terminado. Quiere que vayamos a todo el mundo para trabajar todo el campo simultáneamente.

¿Sabes lo que estás diciendo cuando manifiestas que no crees en las misiones? Estás diciendo que Pablo cometió un error: que mejor hubiera sido que dejara en el paganismo a nuestros antepasados europeos, que debería haberse quedado en Palestina de manera que siguieran en las tinieblas. ¿Es eso lo que piensas? ¿Te lamentas de no seguir siendo un pagano? Deberías lamentarte si no creyeras en las misiones.

Las filas posteriores

¿Recuerdas cuando el Señor Jesucristo alimentó los cinco mil? ¿Recuerdas de qué manera los hizo sentar, fila por fila, sobre el pasto verde? Pues entonces, ¿recuerdas cómo tomó los panes y los peces, los bendijo y partiéndolos los dio a sus discípulos? ¿Y recuerdas cómo los discípulos comenzaron por una punta de la fila del frente, y siguieron dando a cada uno? Luego, ¿recuerdas cómo tomando por la derecha, fueron a lo largo de la misma primera fila, ofreciendo a cada uno la segunda porción? ¿Lo recuerdas?

¡No! ¡Mil veces no! Si hubiesen hecho eso, se habrían levantado los de las filas posteriores protestando fuertemente. «¡Aquí! —habrían vociferado— ¡Vengan, dénnos también a nosotros, que aún no hemos recibido nada! Nos estamos muriendo de hambre. Eso que están haciendo no está bien; no es justo. ¿Por qué deben ser servidos por segunda vez los de las filas del frente antes que se nos haya atendido a nosotros por primera vez?»

Y habrían tenido razón. Hablamos de una segunda bendición; ellos no han tenido la primera aún. Hablamos de la segunda venida de Cristo; ellos no han oído hablar de la primera. No es justo. ¿Por qué alguien ha de escuchar el evangelio dos veces antes de que todos lo hayan escuchado una vez? Sabes del mismo modo que lo sé yo, que ni un solo individuo en toda esa multitud de cinco mil hombres, además de mujeres y niños, hubiesen sido servidos por segunda vez antes de que cada uno lo hubiese sido por primera vez.

Nunca he conocido un pastor que haya tenido molestia con las filas posteriores. Toda molestia procede de las filas delanteras. Los de las filas delanteras están sobrealimentados y sufren de indigestión espiritual. Le dicen cuánto les debe alimentar, cuándo les ha de alimentar, cuándo debe cesar de alimentarlos, por cuánto tiempo alimentarlos, qué clase de alimento se les debe dar, etcétera, y si no se hace de esa manera, se quejarán. Si un pastor tuviese sentido común, dejaría las filas del frente por un tiempo, como para que se vayan hambrientos una vez en la vida, iría luego a las filas posteriores, y luego al regresar a aquéllas, estarían listos para aceptar su ministerio, y las murmuraciones y las quejas habrían desaparecido.

Amigos, me he encontrado con las filas posteriores. He visto los incontables millones en esas filas posteriores, hambrientos por Pan de vida. ¿Es correcto lo que estamos haciendo? ¿Debemos concentrarnos sólo en las primeras filas? ¿No deberíamos en cambio preparar las filas del frente para que compartan lo que tengan con las filas posteriores, alcanzándolas con el evangelio?

¿Sabes que la cosa más importante que una iglesia puede hacer para sí misma es enviar a su pastor a algún campo misionero en el mundo? No hay cosa como esa. Retornará como un hombre nuevo, pues nadie puede ver la necesidad con sus propios ojos y continuar siendo el mismo. ¡Algún efecto le surtirá! Tendrá algo sobre qué hablar. Será infinitamente de más valor para la iglesia de lo que era antes. Sugiero eso, pues sé lo que aconteció conmigo y recomendaría a las iglesias de cualquier lugar que estudiaran la importancia de este asunto y lo llevaran a cabo. Dejemos que vean las filas traseras. Dejemos que las vean por sí mismos. Dejemos que vean cómo están esperando en las tinieblas que les amanezca el evangelio.

El llamado del Dr. Duff

El doctor Alejandro Duff, el gran misionero veterano de la India, regresó a Escocia para morir, y al hallarse frente a la Asamblea General de la Iglesia Presbiteriana, hizo su llamado, pero no encontró respuesta. En la mitad de su llamamiento, se desmayó y fue retirado de la plataforma.

El médico se inclinó sobre él, examinándole el corazón. Abrió los ojos:

—¿Dónde estoy? —exclamó— ¿Dónde estoy?

—Estése quieto —dijo el médico—, su corazón está muy débil.

—Pero —exclamó el antiguo luchador—, ¡tengo que terminar mi llamado! Llévenme nuevamente. Llévenme nuevamente. No he terminado aún mi llamado.

—Estése quieto —repitió el médico—, está muy débil para volver.

Pero el anciano misionero se esforzó por ponerse en pie, su determinación venció su debilidad y, con el médico a un lado y otro ayudante por el otro, el luchador de cabello blanco fue conducido nuevamente a la plataforma y mientras ascendía por los escalones del púlpito, toda la asamblea se puso de pie en su honor; luego continuó su llamado:

—Cuando la reina Victoria llama por voluntarios para la India —exclamó—, cientos de jóvenes responden; pero cuando llama el rey Jesús, nadie acude.

Hizo una pausa, y retomó el discurso:

—¿Es cierto —preguntó— que Escocia ya no tiene hijos para dar a la India?

Nuevamente hizo una pausa.

—Muy bien —concluyó—, si Escocia ya no tiene jóvenes para mandar a la India, entonces, anciano y gastado como estoy, yo regresaré, y si no puedo predicar me recostaré en las costas del Ganges y allí esperaré morir, para que sepa la gente de la India que por lo menos hay un hombre en Escocia que tiene suficiente interés por sus almas y que está dispuesto a dar su vida por ellos.

Al instante varios jóvenes de entre la asamblea se pusieron de pie y gritaban:

—¡Yo iré! ¡Yo iré! ¡Yo iré!

Después de haber partido de este mundo el famoso misionero, muchos de esos mismos jóvenes fueron por los caminos de la India, para entregar sus vidas como misioneros, como resultado del llamado que Dios hiciera por medio del doctor Duff.

Amigo mío, ¿quieres ir? ¿Te ha hablado Dios? ¿Has percibido su llamado? ¿No contestarías: «Señor, heme aquí, envíame a mí?» (Isaías 6.8). Y si no puedes ir, ¿enviarías a un reemplazante? La decisión queda contigo.

¿Por qué ha de escuchar alguno dos veces el evangelio antes de que todos lo hayan escuchado una vez?

CAPÍTULO 5

¿Retornará Cristo antes que el mundo haya sido evangelizado?

EN MARCOS 13.10 hallamos estas palabras: «Y es necesario que el evangelio sea predicado *antes*». Luego, en Mateo 24.14 encontramos la misma afirmación pero con un agregado: «Y será predicado este evangelio del Reino en todo el mundo, para testimonio a todas las naciones, y *entonces* vendrá el fin».

Antes de comentar estos pasajes, deseo aclarar mi tema. No hago la pregunta: ¿retornará Cristo en el aire? Evidentemente, no hablo del rapto. Mi pregunta es: ¿retornará Cristo a la tierra? ¿Vendrá a establecer su Reino y reinar? ¿Retornará para poner fin a esta era presente e introducir la próxima? ¿Retornará a la tierra antes de que el mundo haya sido evangelizado?

Noten que no pregunto si retornará a la tierra antes de que el mundo se haya hecho cristiano. La palabra que he usado es «evangelizado» y hay una gran diferencia entre hacerse cristiano y estar evangelizado. Para comprender el mensaje, hay que comprender el tema: *¿Retornará Cristo antes que el mundo haya sido evangelizado?*

Cuando leía al principio los pasajes a los que he llamado su atención, especialmente en Marcos, estaba perplejo. ¿Por qué, me preguntaba, usó el Señor Jesús la palabra *primero*? ¿Por qué no dijo, simplemente: «El evangelio ha de ser predicado en todas las naciones?» Eso habría tenido sentido. Eso lo hubiera comprendido. Pero no es eso lo que dijo. Intercaló la palabra *primero*. Anunció que el evangelio debía ser anunciado primero a todas las naciones. ¿A qué se refería? ¿Por qué usó la palabra *primero*?

Primera razón

Pienso que deseaba destacar la urgencia de esa tarea. Deseaba decir que antes de que hagamos cualquier otra cosa, debemos evangelizar el mundo.

Esta generación sólo puede alcanzar a esta generación. Esta generación no puede alcanzar la generación pasada, pues los paganos de esa generación han fallecido todos y se han ido. Los cristianos de la generación pasada eran los responsables por los paganos de su época. Esta generación no puede alcanzar la próxima pues cuando hayan nacido los paganos de la próxima generación, habrán muerto los cristianos de esta. La única generación que podemos alcanzar es la nuestra y, a no ser que la evangelicemos, esta generación nunca será alcanzada.

En el noroeste canadiense tenemos grandes campos cultivados. Cada otoño trenes especiales, cargados con cosechadores son enviados precipitadamente hacia estos campos. ¿A qué se debe el apuro? ¿Por qué esa prisa? ¿Por qué no hacerlo con tiempo? ¿Por qué no se hace más tarde? ¿Por qué ha de hacerse ahora? Pues tiene que ser ahora o nunca. La cosecha no espera. Puede haber otra, pero esta puede perderse para siempre. Debe actuarse en los límites de una sola cosecha pues de lo contrario se pierde todo. A ello se debe el apuro. Lo mismo sucede con la mies del Señor: habrán algunos que alcanzarán la generación futura, pero esta generación se pierde y perecerá sin ser evangelizada. De allí la urgencia.

Alguna generación ha de completar la evangelización del mundo. ¿Por qué no la nuestra? ¿Por qué dejar eso a otra? La última generación no lo hizo, y la próxima quizá no lo hará. Debe ser completada, digo, entre los límites de una generación en particular. ¿Por qué no entre los límites de nuestra propia generación? ¡Lo podemos hacer si queremos!

Pero usted puede argumentar que si se ha tardado cerca de dos mil años para evangelizar el 35 por ciento de la raza humana, ¿cómo podremos evangelizar el 65 por ciento restante en pocos años? Completar esa obra, ¿no tomaría otros dos mil años? Pienso que no. Con nuestros rápidos medios de evangelización, puede hacerse en esta generación. Con nuestras modernas invenciones es posible.

Métodos modernos[5]

Hoy usamos emisoras radiales colocándolas en centros estratégicos por todo el mundo. Por medio de ellas seremos capaces de irradiar el evangelio en los idiomas de

---

[5] Nótese que cuando el autor escribía esto aún no se habían popularizado el uso de la televisión y demás medios de comunicación, internet, etc.

millones, y alcanzar a más en una sola hora que antes en años.

Tenemos métodos para reuniones públicas. Pienso en un misionero del África del Norte que colocó un altoparlante sobre el techo de su vivienda y desde allí irradió el evangelio a toda la ciudad. Personalmente, jamás habría podido penetrar tras de las puertas cerradas donde estaban enclaustradas mujeres musulmanas; tampoco podría haber logrado que le escucharan los hombres musulmanes. Pero su mensaje desde el extremo del techo perforó puertas y paredes de todas las casas y llegó a todas partes en la ciudad entera. Ese método evangelizará en cualquier parte, y acelerará la presentación del mensaje.

Estamos usando hoy miles de grabaciones. Las hacen los nativos mismos, y a pesar de que el idioma nunca haya sido reducido al escrito y que el misionero no conozca una palabra del mismo, estas grabaciones pueden llevarse a las poblaciones más remotas y cientos de oyentes ansiosos se amontonarán para escuchar lo cantado y grabado en su propia lengua nativa. La grabación repite siempre lo mismo, hasta que la gente la domina de memoria. No pueden discutir con ella, todo lo que pueden hacer es escuchar el mensaje y luego aceptarlo o rechazarlo.

Por medio de la aviación, un misionero puede hoy alcanzar en dos horas lugares que antes le habrían tomado, especialmente en las zonas montañosas, seis semanas. Además, al llegar a la reunión se halla descansado y fresco. El largo viaje por selvas, montañas y valles es algo ya del pasado. Puede viajar desde su país natal hasta el campo misionero en pocas horas y llegar listo para su tarea. Si llega a enfermarse puede ser retornado a su patria, en caso de ser necesaria una operación de emergencia. Los aviones están resolviendo muchos de los problemas misioneros.

Estoy aguardando con interés el tiempo cuando viviendas prefabricadas, bien ventiladas, se embarquen a las regiones tropicales, de manera que el misionero pueda disponer de un lugar bueno, en caso de tener que huir del calor excesivo para estudiar y descansar. Una vivienda de esa clase agregaría muchísimo a la buena salud y mejor vida del misionero.

Con todos estos métodos para propagar el evangelio, podría ser bastante posible completar la evangelización del mundo dentro de los límites de nuestra propia generación, aunque haya aún más de mil tribus[6] para ser evangelizadas. La urgencia de esa obra nos debe mover a la acción. Si la iglesia se hubiese percatado de la urgencia, el mundo ya habría sido evangelizado hace tiempo.

Esto significa que el trabajo único y más importante de la iglesia consiste en dar el evangelio a todo el mundo en el tiempo más breve posible. Cuanto antes, tanto más pronto retornará el Señor para instalar su Reino. Las discusiones sobre asuntos proféticos no le harán volver, pero realizando la tarea se logrará. Por consiguiente, «¿Qué esperamos, pues, que no hacemos volver al rey?» (2 Samuel 19.10, VP).

Segunda razón

En segundo lugar, pienso que Él deseaba acentuar que el mundo debería ser evangelizado, antes que Él mismo retornara para reinar.

---

[6] Se estima que actualmente existen más de 3.000 tribus que aún no tienen la Biblia traducida a sus respectivos idiomas.

Si se lee todo el capítulo, se descubre que tiene que ver con el final del tiempo de esta presente dispensación y con la conducción hacia la edad de oro. Pero mientras relata los acontecimientos, uno por uno, repentinamente se detiene y expresa: «Pero antes que estas cosas sucedan, antes que pueda terminar esta edad y nacer la nueva, primeramente debe ser anunciado este evangelio entre todas las naciones». En Mateo están agregadas estas palabras: «y entonces vendrá el fin». Eso lo aclara. No se puede equivocar el sentido. La edad terminará cuando el mundo haya sido evangelizado.

En otras palabras, antes que retorne el Señor a la tierra para reinar en su esplendoroso, poderoso y glorioso milenio, el evangelio deberá ser proclamado a cada tribu, lengua y nación. En el cielo habrá representantes de cada raza, de acuerdo al Apocalipsis, por lo que nuestra mayor obligación es la de anunciar el evangelio a toda la humanidad. Apocalipsis 5.9 dice que será así.

Mateo, lo sé, habla del evangelio del Reino. Predicó ambos, el evangelio de la gracia de Dios y el evangelio del Reino, constantemente. El evangelio de la gracia de Dios son las Buenas Nuevas de que Jesús murió por los pecadores. El evangelio del Reino, en cambio, proclama las buenas nuevas del regreso de Jesús y su reinado. Ambos mensajes deben ser proclamados, ya sea el evangelio de la gracia o el evangelio del Reino, no hay diferencia. En ambos casos, es el evangelio: las Buenas Nuevas. Y ha de ser anunciado antes que venga el fin.

¡Oh, si nuestros políticos conocieran este programa! ¡Tratan de librarse de las guerras y matanzas, de abolir la pobreza y las enfermedades y, hasta donde sea posible, de eliminar la muerte! Celebran sus conferencias de paz, firman tratados, emplean dinero en ayuda humanitaria, y piensan que pueden lograr sus propósitos. ¡Qué poco saben!

Si conociesen el plan de Dios organizarían y enviarían al ejército más numeroso de misioneros que les fuera posible reclutar. Instalarían radioemisoras a disposición de organizaciones cristianas. Usarían su prensa para publicar el evangelio y, en pocos años, lograrían alcanzar a cada persona, hombre, mujer y niño, y todo el mundo sería evangelizado.

Entonces Cristo estaría aquí. Instalaría su Reino. La guerra desaparecería, cesarían enfermedades y pobreza, rara vez habría muerte ya que el hombre viviría la vida que se le ha asignado. Sería establecido el milenio y el gobierno humano acabaría. Cristo tomaría las riendas del gobierno y reinaría en este mundo con justicia. Habría una prosperidad que jamás se hubiese conocido.

Pero los gobernantes no lo saben y la iglesia sigue luchando. El mundo aún espera ser evangelizado y Cristo no regresa. ¿Cuándo —¡oh cuándo!— veremos el plan de Dios? ¿Cuánto hemos de esperar antes de emprender la tarea y realizarla?

Herejía peligrosa

Pero sé lo que algunos piensan. Lo oigo por todas partes. Dicen ellos: «Este no es el cometido de la iglesia. Deben hacerlo los judíos. Debemos dejárselo a ellos después que hayamos sido arrebatados».

No conozco herejía que pueda lograr más para cortar el nervio misionero. Además, no conozco una sola declaración en toda la Biblia que me conduzca a creer, por un simple instante, que los judíos deben evangelizar el mundo durante los días de la gran tribulación, como hay quienes piensan. Si yo creyese eso, me cruzaría de brazos y no haría más cosa alguna.

¿Pensamos que después que se haya retirado el Espíritu Santo —y nos ha sido dicho que debe retirarse al irse la iglesia— los judíos podrán lograr más en siete años o algo menos, sin la ayuda del Espíritu Santo, en tiempo de persecuciones y martirios, que lo que hemos sido capaces en dos mil años, con la ayuda del Espíritu Santo, cuando ha sido fácil ser cristiano? ¡Absurdo! ¡Imposible!

Además, si nada podrá lograrse hasta que la iglesia haya sido arrebatada, entonces sólo aquella generación, la que viva durante la tribulación, sería la única en ser evangelizada. ¿Puedes aceptar, entonces, que todas las demás generaciones se pierdan? ¿No te preocupa tu propia generación? ¿Vamos a permitir que nuestra generación se pierda y quedarnos satisfechos con que tan sólo la última sea evangelizada? La carga de Pablo fue por la primera generación de la era cristiana.

Aun suponiendo que aquellos tuvieran razón, haré todo lo que esté a mi alcance, pues la obra ha de realizarse alguna vez. Todos están de acuerdo en eso. Bien, pues, cuanto más haga actualmente, tanto menos tendrán que hacer los judíos. Pero si estás equivocado, ¡qué tragedia! Habrás fallado en la parte que concierne a la evangelización del mundo, y Dios te considerará responsable. Pienso que hay que realizarlo ahora.

Sólo una cosa

Cuando Jesús dejó a sus discípulos, hace cerca de dos mil años, les dio una tarea: la evangelización del mundo. Puedo imaginármelo hablándoles más o menos de esta manera: «Los dejaré y estaré ausente por largo tiempo. Durante mi ausencia, les pido que hagan sólo una cosa. Den este, mi evangelio, a todo el mundo. Fíjense que cada nación, lengua y tribu lo escuche por lo menos una vez».

Esas fueron sus instrucciones. Eso fue lo que les mandó realizar y lo comprendieron perfectamente. ¿Pero qué es lo que hizo la iglesia mientras Él estuvo ausente? ¿Hemos cumplido con sus órdenes? ¿Le hemos obedecido?

En realidad, hemos hecho de todo, excepto la única y sola cosa que nos encomendó. Jesús nunca nos indicó la construcción de colegios, universidades ni seminarios, pero lo hemos hecho. Nunca nos dijo que deberíamos erigir hospitales, asilos y hogares de ancianos. Nunca nos dijo que deberíamos construir templos ni organizar escuelas dominicales ni campañas, pero lo hemos hecho. Y lo teníamos que hacer, pues todo ello es importante y vale la pena.

Pero lo único que nos dijo específicamente que deberíamos hacer, ¡es lo que omitimos! No hemos entregado su evangelio al mundo entero. No hemos cumplido. ¡No hemos cumplido con sus órdenes!

¿Qué diría alguien si llama a un fontanero para arreglar las cañerías de su casa y sale, y al regresar lo encuentra pintando el frente? ¿Qué podría decirle? ¿No esperaría que hiciese aquello que pretendía de él? ¿Podría satisfacer al propietario demostrando que pensaba que la casa requería pintura? Por supuesto que no. Las órdenes deben obedecerse.

Hace más de dos mil años el Señor Jesucristo ascendió al trono de su Padre y se sentó a su diestra. Pero Él tiene su propio trono, el trono de su padre David, y es el sucesor legal. ¿Quién habría oído de un rey, que teniendo un trono propio, estaría satisfecho de ocupar el trono de otro rey?

Cristo desea retornar. Está ansioso por reinar. Es su derecho. Entonces, ¿por qué espera? Espera que nosotros hagamos lo que nos ha asignado. Espera que hagamos aquello que Él nos ha encomendado. Muchas veces se dirá mientras está allí sentado: «¿Por cuánto tiempo me harán esperar? ¿Cuándo podré regresar a la tierra para ocupar mi trono y reinar?»

La hacienda entera

Imaginemos una hacienda. El patrón dice a sus obreros que tiene que ausentarse, pero que regresará. Y mientras él se halla ausente, han de mantener todo el campo cultivado.

Comienzan por trabajar alrededor de la casa. Hermosean los jardines y los canteros. El año siguiente crece la hierba y nuevamente se dedican a la tarea, dejando el césped en perfectas condiciones. Alguien recuerda las órdenes del patrón.

—Debo ir —razona—; nuestro patrón nos encomendó que cultivemos todo el establecimiento.

Se prepara para dejar el lugar.

—Pero —le dicen—, no podemos perderte. Mira qué rápido crece el césped. ¡Te necesitamos aquí!

A pesar de sus protestas deja el lugar y comienza con el trabajo en un lugar apartado del establecimiento. Más tarde otros dos recuerdan las órdenes del patrón y, a pesar de las objeciones, ellos también salen de allí y cultivan otra parte del establecimiento.

Al final, vuelve el patrón. Se siente complacido al ver los canteros de flores y jardines, y el césped alrededor de la casa. Pero antes de recompensar a sus operarios, decide explorar el resto del establecimiento y, al hacerlo, su corazón decae, pues sólo ve que todo está yermo y pantanoso y se da cuenta de que ni siquiera hubo intención de cultivarlo.

Finalmente, en un sector distante, llega al hombre que había decidido trabajar por sí mismo y lo recompensa abundantemente. Descubre a los otros dos en otro lado y los recompensa también. Luego regresa al asiento del establecimiento donde se hallan los empleados esperando una recompensa, pero su rostro demuestra disconformidad.

—¿No hemos sido fieles? —preguntan—. Mire esos canteros de flores y jardines. Mire este césped, ¿no son bellos? ¿No hemos trabajado fuertemente?

—Sí —contesta—, han hecho lo mejor que pudieron. Han sido fieles. Han trabajado diligentemente.

—Bien, pues —exclaman ellos—. ¿Por qué se halla usted disconforme? ¿No nos hemos hecho acreedores de recompensa?

—Hay algo que se han olvidado —contesta él—. Se

han olvidado de mis órdenes. No les dije que trabajaran los mismos jardines, el mismo césped una y otra vez año tras año. Les dije que cultivaran todo el campo, que lo cultivaran por lo menos una vez. Eso no lo han hecho, ni siquiera lo han intentado, y cuando sus compañeros insistieron en hacer su parte, se lo han objetado. No, no hay recompensa...

Pienso que muchos se desilusionarán; usted podría ser uno de ellos. Habrá ganado varias almas en su ciudad. Habrá sido lo más leal posible a su iglesia; pero, ¿qué ha hecho por aquellos que se hallan en tinieblas?

¿Jamás se le ha ocurrido ir usted mismo? ¿Jamás se le ha ocurrido dar dinero para que otro pudiese ir? ¿Ha orado? ¿Qué parte ha hecho en la evangelización del mundo? ¿Ha obedecido las órdenes? ¿Ha hecho todo lo que podría para cultivar todo el establecimiento? ¿O se ha sentido satisfecho con el trabajo en su propia comunidad, dejando que el resto del mundo perezca?

Si deseas que Él te diga: «Bien, buen siervo y fiel, [...] Entra en el gozo de tu Señor» (Mateo 25.23), y si deseas recibir la recompensa prometida, la diadema o la corona, es mejor que entres a la tarea y hagas todo lo que puedas para proclamar su evangelio a todas las naciones, o serás un cristiano que no estará presente en el día de la recompensa.

Vé y haz tu parte. Vé tú mismo o envía a otro. Hay algo que podrás hacer y el tiempo es corto. Todo el campo debería haber sido cultivado y es todo el mundo que ha de ser evangelizado. «Id por todo el mundo y predicad el evangelio a toda criatura» (Marcos 16.15). Recordemos, pues, que: «será predicado el evangelio del Reino en todo el mundo, para testimonio a todas las naciones, y entonces vendrá el fin».

Es esta su contestación a la pregunta: «¿Cuál será *la* señal de tu venida y del fin del mundo?» Eso es lo que querían saber: *la* señal que precedería e indicaría el fin. Su respuesta a la pregunta de Mateo 24.3 se encuentra en el v. 14, y es esta: «Será predicado este evangelio del Reino en *todo* el mundo, para testimonio a *todas* las naciones, y *entonces* vendrá el fin». Todas las demás predicciones indican la proximidad del fin, sólo esta única, el fin mismo. Esa misma palabra *primero* es la que aparece también en Marcos 13.10.

Estas, pues, son las dos razones por el uso de la palabra *primero*. Es urgente. No hay que perder tiempo, merece primordial consideración. Es el programa de Dios: primero la evangelización del mundo, luego el reino de Cristo. Regresará para establecer su Reino cuando todas las naciones hayan oído el evangelio. Hagamos, pues, nuestras tareas y no descansemos nunca hasta que estén cumplidas.

CAPÍTULO 6

¿Nos atreveremos a ignorar el desafío de la tarea inconclusa?

Leamos romanos 10.13-15: «Todo aquel que invoque el nombre del Señor, será salvo. ¿Cómo, pues, invocarán a aquel en el cual no han creído? ¿Y cómo creerán a aquel de quien no han oído? ¿Y cómo oirán sin haber quién les predique? ¿Y cómo predicarán si no fueren enviados? Como está escrito: "¡Cuán hermosos son los pies de los que anuncian la paz, de los que anuncian buenas nuevas!"»

Aquí tenemos los cuatro *cómo* de la Palabra de Dios. Primeramente la promesa «invoca» y «sé salvo». Pero para invocar tienen que creer. Para creer tienen que oír. Para oír, alguien debe predicar. Para predicar debe ser enviado. Así coloca Dios la responsabilidad sobre nosotros. Si lo enviamos, el misionero puede predicar. Si él predica, el pagano puede oír y creer. Si cree, puede invocar a Jesús. Si le invoca, será salvo. Pero eso comienza en nosotros. Ante todo, nosotros debemos enviar.

El trabajo más importante

¿Cuál es, pues, el trabajo más importante de la hora actual? ¿Consiste en orar por un avivamiento, en que los hijos de Dios procuren vivir una vida cristiana más profunda, instruidos en las verdades de la Biblia? No pienso que sea así.

¿Es estableciendo seminarios e institutos bíblicos para preparar pastores? No, no pienso que sea eso. ¿Levantar hospitales, orfanatos y asilos? ¿O construir nuevos edificios y reparar los antiguos? No es así.

¿Es, pues, que se distribuyan Biblias y Nuevos Testamentos, que circule literatura evangélica, que se sostengan numerosos hogares y que abunden por todo lugar? No creo que sea así.

¿Es trabajar entre la niñez y la juventud de nuestro país, sostener emprendimientos filantrópicos, desarraigar enfermedades y atender a los desvalidos? Nuevamente contesto que no.

¿Cuál es, pues, el trabajo más importante de la hora? Es el de cumplir con las últimas órdenes del Señor, de llevar su evangelio a las tribus y pueblos no alcanzados de todo el mundo. Eso, mis amigos, es más importante que cualquier otra cosa. «Id por todo el mundo y predicad el evangelio a toda criatura» (Marcos 16.15).

Por esto, y sólo por esto, deberíamos juzgar toda espiritualidad, todo conocimiento bíblico, toda discusión doctrinal y teológica. Somos verdaderamente espirituales si somos auténticos estudiantes de la Biblia. Si nuestras doctrinas están de acuerdo con las Escrituras, colocaremos primeramente la evangelización mundial, y daremos, generosamente, para las misiones. Todo nuestro conocimiento bíblico, toda nuestra espiritualidad, todos nuestros principios doctrinales no son más que presunción: mientras no coloquemos primeramente las cosas primordiales, sólo nos estaremos engañando a nosotros mismos.

Dejemos a aquellos que carecen de visión, a aquellos que ignoran el programa de Dios, dejemos que donen para las muchas y valiosas causas aquí en casa, pero permítase a los que hemos oído el llamado de Dios, que nos concentremos en trabajar en las regiones más lejanas. Pongamos nuestro dinero en una sola cosa y una solamente: en alcanzar a miles de tribus no evangelizadas con el evangelio de Jesucristo.

Existen los que no tienen visión, que son movidos por la apelación y dan un poco aquí y un poco allá; y poco pueden mostrar en ese sentido, mientras que podrían colocar todo lo que donan en la más importante tarea de la hora, y ver toda una tribu o nación evangelizada. Son hombres que podrían tener el inexpresable gozo de sostener cincuenta o cien misioneros en un territorio avanzado. Dan a una y mil empresas cercanas que no tienen la visión ni la meta divina de la evangelización mundial. El trabajo en casa, en nuestro país, nunca faltará.

Tenemos sólo una gran tarea y una demanda de Dios: «Su sangre requeriré de tu mano». Así nos dirá el Señor si detenemos el evangelio. Si ha de reinar Él, debemos terminar la tarea. El cuenta con nosotros. ¿Por cuánto tiempo? Esto me preocupa. No le hagamos esperar. Deberíamos dejar de lado cualquier otra cosa y concentrarnos en este gran objetivo: la culminación de la evangelización del mundo en nuestra generación.

Si no puedes ir tú mismo, enviarás a un reemplazante. ¿Por qué no usas tus oraciones, tus talentos y tu dinero para sostener a tus propios sustitutos, y tener así tus reemplazantes en el campo misionero exterior? Nunca estaremos satisfechos mientras no contemos con quinientos reemplazantes en las regiones más lejanas. Esa es nuestra oración. Esa es nuestra visión. No vivimos para otra cosa. Las últimas palabras de nuestro Señor son captadas por nuestros oídos. «Es necesario que el evangelio sea predicado antes a todas las naciones» (Marcos 13.10).

Pablo podría primeramente haber evangelizado Palestina, pero no lo hizo. Seguramente, miles nunca oyeron el evangelio en Jerusalén y Judea, sin embargo él fue a Europa. Podría haber edificado templos en su propia tierra, y establecido primeramente obras allí; pero dejó todo y fue con el evangelio a aquellas tierras lejanas. Y gracias a Dios que lo hizo así, pues si hubiese completado el trabajo antes en casa, aún seríamos paganos.

Oh, mi amigo, deja cualquier otra cosa y apresúrate a apoyar todo esfuerzo para enviar el evangelio, pues esa es la sola y única tarea que Jesús dejó a su iglesia para que realice. ¡Esta, y esta sola, es la más importante tarea de la hora presente!

Lenguas y tribus aún no alcanzadas[7]

¿Saben cuántos idiomas hay en este mundo? Lo diré. En el momento existen por lo menos 2.974 lenguas principales. ¿Saben cuántos de estos idiomas poseen la Palabra de Dios, o alguna porción? En la hora actual, solamente 1.185. ¿Cuántas, pues, quedan sin una simple porción del libro de Dios? Quedan 1.789. Pensemos en ello. Después de casi dos mil años de trabajo misionero por todo el mundo, vemos que restan 1.789 idiomas en los que la Palabra de Dios jamás ha sido traducida. ¿Y qué nos dice eso? «La fe viene por el oír y el oír por la Palabra de Dios». «¿Cómo creerán a aquel de quien no han oído? ¿Y cómo oirán sin haber quien les predique?» (Romanos 10.17, 14).

Se ha comprobado que aún hay más de mil tribus carentes del evangelio. Además, estas tribus han sido localizadas. Sabemos dónde se hallan. Les pido que pensemos en ellas. Ninguna de ellas tiene la Palabra de Dios. Ni siquiera han escuchado jamás el nombre de Jesús.

Hay 626 tribus en Nueva Guinea, 521 en las islas del Pacífico, 350 en África, 300 en Sudamérica, 200 en Australia, 100 en la India, 60 en Indochina, y 60 en las Filipinas. Por consiguiente, unas 2.000 tribus aún esperan en oscuridad y tinieblas la aurora del evangelio de Cristo. Sólo en Brasil hay un millón y medio de indios puros y más de cien tribus. Bolivia tiene como un millón de in-

---

[7] El lector interesado podrá encontrar datos actualizados de los pueblos no alcanzados si visita algunos de los siguientes sitios Web: www.wycliffe.org/hisp, ethnologe.com, www.comibam.org, www.pueblos.org, www.pminternacional.org, www.aup.org, www.operation-world.org, gmi.org, ad2000.org.

dios. Perú tiene una población indígena de 2.500.000. En Colombia hay cien mil indios, la mayoría en condiciones salvajes y primitivas. Hay también medio millón de indios de montañas en estado semi-civilizado.

Pero, ¿cómo alcanzarlos? Sólo mediante los jóvenes de nuestras iglesias, seminarios e institutos bíblicos. Es el joven quien puede hacerlo. Ministerios como el Movimiento Estudiantil Universitario y Juventud para Cristo han de desafiarles. Las organizaciones misioneras de todas partes claman por más obreros.

Esa es la razón por la que visité Gran Bretaña y apelé a la juventud hasta que respondieron mil doscientos. Por eso pasé por todo Estados Unidos y Canadá. «Los obreros son pocos». Tenemos que lograr más. Por esta razón me doy primordial y principalmente al trabajo misionero. El mundo debe ser evangelizado, nuestra única esperanza se halla en los jóvenes. A no ser que ellos vayan, el trabajo nunca será hecho, pues nadie más puede hacerlo. Dios llama a los jóvenes. La juventud de nuestro país debe responder.

Recordemos que prácticamente todos los discípulos eran jóvenes. Jesús los llamó en su juventud. Tenían sus vidas por delante y las vivieron para Dios. Aceptemos nosotros también el desafío. Demos lo mejor. Dios tuvo un solo Hijo y lo hizo misionero. ¿Podremos hacer menos?

Hay muchos que irían si pudiesen ser exploradores. Han leído las vidas de hombres como Livingstone, Moffat, Carey, Judson, etcétera. Amigos, puedo decirles que las agencias misioneras están llamando actualmente a miles de pioneros porque aún hay miles de tribus por evangelizar. ¿Por qué no concentrarnos en las zonas aún no ocupadas? ¿Por qué no abrir nuevas sendas?

Cuando estuve en Sumatra supe de una ciudad adonde nadie había acudido. Cruzando los juncales fui hasta hallarla. Jamás olvidaré lo conmovido que me sentía al transponer la entrada de la misma, pensando que con toda probabilidad era yo el primer mensajero de la cruz que lo hacía. Si hoy fuese joven, no me gustaría ir a un campo donde otros ya trabajaron, a no ser para recibir orientación. Pediría, como lo hizo Livingstone, ser enviado a campos nuevos, pues quisiera ser el primero en reducir la lengua a escritura, en traducir porciones bíblicas y dar a las gentes el evangelio. A mí también me gustaría ser pionero.

¿Por qué gastar tu vida aquí, en los Estados Unidos o en Gran Bretaña? ¿Por qué dedicarnos a la monotonía de ganar dinero? ¿Por qué no recibir una visión? Puedes ir adonde nadie haya ido aún. Puedes usar tu vida en algo de valor infinito. Puedes permanecer aquí sufriendo las pisadas de algún otro, pero si sales tendrás mucho espacio para mover los codos. ¿Por qué no vivir una vida que valga la pena? Tú también puedes ser un pionero.

¡Oh, sé lo que están pensando! Lo he escuchado muchas veces. Están citando Hechos 1.8 pero no lo hacen correctamente. Esta es la forma como lo mencionan: «Me seréis testigos primeramente en Jerusalén, luego en toda Judea, luego en Samaria, y al final de todo, en las partes más alejadas de la tierra». Pero eso no es lo que dice. Permítanme decírselos correctamente: «Serán mis testigos *tanto* en Jerusalén como en toda Judea y Samaria, y hasta los confines de la tierra» (NVI). No es *primero*, sino *am-*

bas cosas a la vez. ¿Y qué significa ambas cosas? Quiere decir en uno y al mismo tiempo, ¿no es así? En otras palabras: tenemos que evangelizar Jerusalén, y al mismo tiempo, Judea y Samaria, y las partes más lejanas de la tierra. No tenemos que esperar hasta haber terminado el trabajo aquí, para ir allá. Tenemos que trabajar en ambos campos, el doméstico y el extranjero.

Permítanme llamarles la atención a la gran responsabilidad que descansa sobre nosotros. Alemania en un tiempo envió muchos misioneros, pero en su estado actual, ¿qué puede hacer? Hace décadas Gran Bretaña se hallaba en el frente de batalla, hoy puede hacer pocos avances. Suecia y Suiza muy poco pueden hacer. Nosotros de este lado del Atlántico gozamos de libertad, prosperidad y luz evangélica. Estamos frente a la realidad aterradora que sólo podemos mirar hacia las Américas para la evangelización del mundo. ¡Cuánto, hermanos, depende de nosotros, los canadienses y estadounidenses![8]

Misión doméstica o foránea: ¿cuál?

¿Nos damos cuenta de que aquí todos pueden oír si quieren? Desde la aparición de la radio, todo lo que hay que hacer, aún en los lugares más remotos, es sintonizar un

---

[8] El autor refleja el sentido de responsabilidad, propio de los países anglosajones, que durante más de ciento cincuenta años de historia llevaron sobre sus hombros gran parte de la responsabilidad misionera mundial. Mientras tanto, en los últimos años, se ha visto nacer y desarrollar por toda Iberoamérica una toma de conciencia misionera que ha impulsado la salida de un creciente número de obreros a los más variados lugares del planeta, cosa que para la época en que vivió el autor era impensable.

programa de evangelización y escuchar el mensaje. Pero he estado en países donde hay millones de personas, y no hay radios, ni emisoras ni receptores, y donde la gente no puede escuchar aunque quisiera. ¿Por qué estar tan preocupados por los de casa, que en su mayoría no están interesados, y preocuparnos tan poco por los países que esperan ansiosamente la oportunidad?

Por mi parte, yo invertiría dinero en la publicación de literatura evangélica en idiomas extranjeros antes que en inglés. Allí hay hambre y la gente en su gran mayoría aprecian la literatura bien presentada. Aquí en Norteamérica han visto y oído tanto que no aprecian su gran valor. En los países extranjeros la actitud es diferente y en la mayoría de los casos aceptan cualquier folleto cortésmente, hasta agradeciendo al donante, y los leen en tranvías, autobuses o trenes. En España mi automóvil fue rodeado por hombres y mujeres que extendían sus manos para tomar los tratados que yo repartía. Estaban muy interesados en recibirlos.

Tome alguno un automóvil cargándolo con tratados, y ya sea que viaje por Francia o Italia, por Cuba o Haití, sólo con que los reparta hará un ministerio que servirá por la eternidad, aunque no se sienta hábil para la predicación en el idioma de la gente. Dios usa la página impresa. Por eso yo dedico a ello tanto dinero. No conozco otra forma mejor de evangelizar a los pueblos eslavos, tanto en Europa como en Sudamérica, dondequiera que estén, que dándoles literatura evangélica. Ellos estarán siempre dispuestos a leer cualquier cosa. Cerca de una docena de mis libros han sido traducidos al ruso, como también decenas de otras lenguas, y distribuidos por millares, y estoy sabiendo constantemente de conversiones como resultado de ello.

Piensa, si quieres, en las centenares de organizaciones que hay en nuestro país para la propagación del evangelio. Luego, piensa en las pocas que hay para el extranjero. No parece justo. Nos hemos concentrado en el trabajo de casa y hemos olvidado aquellos para los que nada se ha preparado. ¿Qué harías si vieras que diez hombres están levantando un tronco de árbol y que nueve de ellos estuviesen en un extremo mientras que uno solo está en el otro? ¿Dónde ayudarías? ¿Por qué no lo harías en la punta donde uno solo se está esforzando? ¿Necesito decir más? Es el campo extranjero el que más necesita nuestra ayuda.

Tres grupos diferentes

Me agradaría desafiar a tres grupos diferentes. Primero, a los que envían, luego a los que oran, y al final a los que van. Los tres son necesarios.

Alguien debe enviar; el dinero es necesario. Algunos deberán sostener las cuerdas desde casa. Y si tú, mi amigo, no puedes ir, puede ser que Dios desee que seas uno que envía y que veas que alguien vaya en tu lugar. Tu parte consiste en lograr dinero y posibilitar la ida de otro. Y recuerda, del mismo modo participarás de la recompensa.

Luego están los que oran. Puede ser que no puedas lograr dinero y que sólo te alcance para tus necesidades. Nunca podrás mandar a otro, pero puedes orar. Puedes usar cada día un poco de tiempo para interceder por África, la India y China. Puedes conseguir una lista de misioneros y orar por ellos. Esa puede ser tu responsabilidad, y

¡ay de ti si rehuyes a hacer algo de eso! Tú también puedes lograr una recompensa orando fielmente por los que han salido al campo; por ello puedes tener una parte en su trabajo.

Luego, lógicamente, se hallan los que van: si eres sano y fuerte; si tienes o puedes lograr la necesaria preparación, y si estás dispuesto, puedes ir. Sentirás la urgencia en cuanto ores por el plan de trabajo de tu vida y pronto llegarás a saber si Dios te llama. Te desafío al mayor de los trabajos en el mundo. Apelo ante ti para que vayas si puedes. Nada hay como ello. Porque los misioneros son los *aristócratas* de Dios. Son la aristocracia de la iglesia. Te asociarás con la mejor clase de gente de la tierra.

¿Cómo sabrás tú cuál es la voluntad de Dios? Deja que te lo diga. Comienza desde ya a orar por el trabajo de tu vida. Ora cada día. Dispón de tiempo para ello y exclama: «Señor, ¿qué quieres que haga?» Luego, al orar, lee biografías de misioneros: Brainerd, Singh, Livingstone, Carey, Moffat, MacKay, Judson, Gilmour, Paton, Slessor, Chalmers, Morrison, Duff, Martyn, Taylor, Geddie; lee dos o tres capítulos cada día. Eso te transportará a la atmósfera de las misiones. Luego, al leer y orar, no olvidando lógicamente la Palabra de Dios, llegará a tu corazón una convicción, una urgencia que Dios te necesita para que le sirvas en algún país extranjero. En caso contrario, si no sientes el llamado, el cargo de conciencia desaparecerá. Esa urgencia es la voz del Espíritu. Atiéndela y nunca te desviarás.

Cuando estés seguro de la voluntad de Dios, no dejes que Satanás te haga cambiar de idea. Lo hará si puede. Tus propios amigos y seres queridos podrán ser las mayores piedras de tropiezo. Permanece en guardia. Muchas señoritas que fueron llamadas, se casaron con jóvenes que no deseaban ir, y viceversa. El resultado fue que el plan de Dios no se cumplió. Escucha, joven: no tenemos derecho de ofrecer compañía a alguien, excepto al que camina en nuestra dirección. Haz eso y jamás te equivocarás. Dios ya ha escogido al compañero de tu vida para ti; su elección es mucho mejor que la tuya. No dejes que Satanás te haga cambiar de idea.

El chino Juan y el ateo

El chino Juan[9] fue una vez interrogado por un ateo:

—¿Qué es lo primero que usted hará —preguntó el ateo— cuando llegue al cielo?

—En primer lugar —respondió Juan— buscaré al Señor Jesús y le agradeceré por haberme salvado.

—Bien —sonrió el ateo—, y luego, ¿que hará?

El chino Juan meditó un instante antes de responder:

—Luego —contestó— buscaré hasta que halle al misionero que llegó a mi país y me habló de Jesucristo, y entonces le agradeceré por haber venido.

—Sí, y luego, ¿qué más? —preguntó el ateo con sonrisa burlona.

—Luego —dijo Juan— buscaré al que dio el dinero de

---

[9] En Canadá se hablaba del chino Juan para referirse a una persona del pueblo, debido a que la mayoría de los inmigrantes chinos se dedican a tareas humildes.

manera que el misionero pudiese venir, y yo pudiera saber de Jesús y ser salvado, pues también deseo agradecerle.

Al oír eso el ateo se retiró y no se lo vio más.

Mi amigo, tú puedes ser el que mandó el misionero, o el mismo misionero que fue. Algún chino Juan podría allegarse a ti cuando vaya al cielo y agradecerte por lo que hiciste. ¿Habrá allí alguno del mundo pagano que te reconocerá y así te expresará su gratitud? Debes decidir. La tarea no ha terminado. Está en ti el hacer tu parte para terminarla.

«¿Cómo oirán sin haber quien les predique? ¿Y cómo predicarán si no son enviados?»

CAPÍTULO 7

¿Por qué ha fracasado la iglesia en la evangelización del mundo?

L EAMOS LA PALABRA DE DIOS en Juan 4.35: «¿No decís vosotros: "Aún faltan cuatro meses para que llegue la siega"? Yo os digo: Alzad vuestros ojos y mirad los campos, porque ya están blancos para la siega». Mis amigos, arde mi corazón cada vez que leo estas palabras. ¡Cuán verídicas son aún hoy día!

Cerca de dos mil años pasaron desde que Jesucristo nos habló de evangelizar y aún existen miles de tribus sin el evangelio, y millones y millones en países como la China y la India —amarillos, negros y cobrizos— jamás han oído una sola vez algo de Cristo. Por lo menos el sesenta y cinco por ciento de los 2.300 millones de habitantes de la tierra aún permanecen sin evangelizar.[10]

Los mandatos de Dios siempre están acompañados de su capacitación para llevarlos a cabo. Podríamos haberlo hecho. No se habría burlado de nosotros pidiéndonos hacer lo

---

[10] Investigaciones actuales señalan que de los 6.200 millones de habitantes que viven en el planeta, aproximadamente un tercio de ellos, es decir, unos 2.000 millones, permanecen fuera del alcance del evangelio.

imposible. «Primero *tendrá* que predicarse el evangelio a *todas* las naciones» (Marcos 13.10, NVI). ¿Por qué no se ha hecho aún?

1. Debido a los enemigos del evangelio

Hoy tenemos que vernos con enemigos que nunca hemos afrontado, y a veces pensamos si nos será posible vencerlos. Hay especialmente tres con los que nos tenemos que enfrentar. Me refiero al nacionalismo, las falsas religiones y el comunismo.

El nacionalismo se manifiesta en casi todos los países, realizando un trabajo entorpecedor a las misiones en forma creciente. Sus eslóganes son: *África para los africanos*, *India para los hindúes*, *China para los chinos*, etcétera, y tiene como finalidad la expulsión del hombre blanco. Los extranjeros son mirados con recelo y ya no es más bienvenido el misionero.

Las religiones falsas han sido siempre enemigas del evangelio, especialmente el islamismo y el catolicismo romano.[11] Ninguna de las dos cree verdaderamente en la libertad. Donde el catolicismo es débil reclama por tolerancia y libertad; pero en cuanto se siente fuerte se vuelve totalitario y la libertad se desconoce. Los creyentes son perseguidos, torturados y martirizados por donde logren dominar. No conoce misericordia ni tampoco la demues-

---

[11] Nótese que el autor escribe desde una perspectiva propia de la Guerra Fría y previa al Concilio Vaticano II. La situación planteada en el siglo XXI hace que veamos la realidad de una manera un tanto distinta.

tra. El evangelio es la única fe que cree en la libertad y desea practicarla.

El comunismo es el arma más diabólica jamás preparada por el ingenio satánico. Se ha extendido con mayor rapidez que cualquier otro «ismo» y ataca al cristianismo en cualquier país. Se jacta de tener un millón de seguidores solamente en Sudamérica. Este movimiento ateo, diabólicamente inspirado, nunca será transigente. Su Cortina de Hierro corta todo acceso al mundo exterior y encierra dentro de sí el terror rojo. Asesinó a Juan y Betty Stam (jóvenes misioneros de la Misión al Interior de la China, muertos por los comunistas) y antes o después silenciará a cualquiera que trate de predicar el evangelio.

Estos, pues, son los enemigos del evangelio. Pero a pesar de toda oposición, tenemos que esforzarnos por adelantar, recibiendo nuestras órdenes sólo de parte de Dios. «Os doy potestad de pisotear serpientes y escorpiones, y sobre toda fuerza del enemigo» (Lucas 10.19). Hay poder en el evangelio para vencer a cada enemigo y evangelizar al mundo. El evangelio «es poder de Dios para salvación de todo aquel que cree» (Romanos 1.16).

2. Debido al énfasis exagerado en la educación

Pues bien, yo creo en la educación. Los colegios son necesarios. Hay quienes deben sobreponerse a su deficiencia de alguna manera. Pero hay hombres con talentos naturales, hombres como Moody, Philpott y Gipsy Smith, que tendrán éxito con o sin educación formal. Hoy día adoramos los diplomas, glorificamos los títulos. Con todo, hay hombres que no pueden hacer una cosa buena aunque sean graduados.

Framson envió a Hudson Taylor cien nuevos misioneros. Poseían poca o ninguna educación, y cuando Taylor los vio escribió a Framson observándole por habérselos enviado. Dos años más tarde le escribió nuevamente. Vio el trabajo que realizaron. Trabajaron bien, pues eran hombres llenos del Espíritu Santo. Dios les dio el fácil dominio del idioma y bendijo sus esfuerzos. Luego deseaba tener más como ellos.

Hubo un tiempo en el que yo decía a los voluntarios: «Busquen toda la educación que les sea posible». Ya no digo eso. Hay otros prerrequisitos más importantes. Para algunos la preparación puede llegar a ser peligrosa. Muchos, tratando de lograr el bachillerato o un título superior, vieron cómo su fe naufragaba. Hay quienes necesitan eso, pero hay otros que sin ello serían mejores. En cada uno hay que contemplar su característica individual.

Temo por los institutos bíblicos que comienzan ahora a dar títulos o que desean llegar a ser seminarios. Me preocupa su futuro. Lo que cuenta no es tanto lo que el hombre tiene en su cabeza, sino lo que hay en su corazón. Simpson y Moody fundaron institutos bíblicos para brindar una oportunidad a quienes no pudieron ser admitidos al estudio para trabajar por Dios. El estudio de la Biblia es lo más importante. Todo otro asunto es de importancia secundaria. ¡Que Dios no nos deje perder la visión!

Dios puede usar la mejor educación que es posible alcanzar si el Espíritu Santo ejerce el control. Pero también puede usar hombres con escasa preparación o ninguna.

¿Por qué deberíamos premiar la capacitación? Pienso que muchas agencias han descubierto que si un candidato tiene estudios secundarios y tres años de instituto bíblico, con un año de práctica, está listo y equipado —en lo que respecta a estudios— para cumplir su responsabilidad, a no ser, lógicamente, que desee especializarse. Sí, y algunos hasta sin estudios secundarios han sido usados poderosamente por Dios.

Nada es más fatal para un fervor evangelístico que un largo curso de estudios. Muchos entusiastas ganadores de almas se han marchitado y perdido su visión en el ambiente de los seminarios e institutos bíblicos. Un obrero cristiano nunca debe llegar a ser un ermitaño. Siete u ocho meses de estudio y luego cuatro o cinco de práctica lo conservarán con el fuego de Dios. Cada verano ha de poner en práctica lo que ha aprendido. Nunca debe ser solamente un estudiante. Debe estar siempre en servicio activo. Durante todo su curso deberá estar testificando, realizando trabajo personal o predicando, es decir, ocupado de alguna manera para su Señor. De otro modo perderá su primer amor. Morirán los fuegos de avivamiento y su pasión por las almas se apagará.

Muchos estudiantes piensan que han terminado al graduarse, cuando reciben sus diplomas o títulos. Permítanme decir que apenas están listos para comenzar. El seminario les enseñó cómo se estudia; ahora deben educarse ellos mismos. Pueden aprender infinitamente más después de graduarse si quieren dedicarse al estudio. Entonces podrán especializarse, seleccionar sus propias lecturas y llegar a ser autoridades en su campo.

Esa es la manera como algunos que nunca fueron a seminarios llegaron a ser destacados dirigentes. Pensemos en Gipsy Smith. Nunca tuvo preparación. Por sí solo debió aprender a leer y escribir. ¿Pero le han observado al expresarse? ¿Han notado su excelente inglés, carente de faltas? Le tuve en mi hogar una y otra vez y nunca le escuché un error gramatical. Y eso es más de lo que puedo decir de muchos bachilleres y graduados. Dios hace a los misioneros. Lo que se logra interiormente es mucho más importante de lo que se logra desde fuera. Lo que él sea determinará su rendimiento.

Algunos de los mejores hombres en el ministerio se habrían perdido para la iglesia si los seminarios donde se graduaron hubieran requerido estudios secundarios para su admisión. Si un hombre es llamado por Dios para predicar el evangelio y no tiene cualidades desde el punto de vista intelectual, ¿quiénes somos nosotros para ponernos en su camino? ¿Tienen todos que pasar por el mismo molde? ¿Qué decimos de los profetas de la antigüedad? ¿No puede ser alguien un pastor o evangelista exitoso a no ser que sepa griego y hebreo?

Por esa misma razón nacieron los institutos bíblicos. Sacaron al joven detrás del arado y a la muchacha de la cocina, y los capacitaron para el servicio cristiano. Las denominaciones han perdido miles de sus mejores y más devotos obreros justamente por mantener esas barreras y colocar tan alto sus exigencias académicas. Un cuidadoso conocimiento de la Biblia y cómo usarla es la mejor cualidad para el servicio cristiano.

Pienso en estos momentos en un hombre en los Estados Unidos que ha logrado un trabajo estupendo para Dios. Acudió al seminario de su denominación en Canadá y fue rechazado por no haber cursado tres años de universidad. No pudo ir a la facultad porque no había terminado de cursar la escuela secundaria, y ya tenía demasiada edad para hacerlo. Apeló a uno de los más prominentes seminarios de una gran denominación en los Estados Unidos y fue aceptado inmediatamente. Se graduó y fue ordenado, pero la iglesia de Canadá lo había perdido. Debería haber sido tratado como estudiante especial y aceptado, pues era alguien llamado por Dios y tenía condiciones para ir adelante.

Muchas instituciones teológicas fallan al enseñar a sus alumnos cómo realizar la obra. Les brindan un conocimiento teórico pero no les indican cómo ponerlo en práctica. Pocos seminarios dictan alguna materia sobre Historia de la Evangelización y los Avivamientos, y nada sería más importante. Conozco sólo dos institutos en los que realmente se enseña a los estudiantes a hablar en público, y se los capacita para organizar campañas evangelísticas, usar métodos publicitarios, llevar a cabo cultos especiales de avivamiento, etcétera. Por lo que lo único que saben hacer es el trabajo pastoral. ¡Cuánto más se alcanzaría, tanto en el ámbito nacional como extranjero, si supiesen organizar grandes campañas y atraer a las multitudes hacia Dios!

Las campañas de evangelización son tan necesarias en el campo extranjero como en el nacional. En verdad, son muy fructíferas. Nuestros misioneros podrían aprender algo de Juventud para Cristo en este sentido. Debemos salir al encuentro del público. Debemos hacernos oír en las grandes ciudades de todo el mundo. Cuando estuve haciendo una campaña en las Indias Orientales Holandesas, no quisieron los misioneros que hiciese invitaciones públicas. Aún mi intérprete se rehusó. Pero yo lo hice y Dios realizó milagros. Desde entonces, los misioneros están a favor de ello. La evangelización en masa es el método más efectivo en casi todos los países.

3. Debido a las muchas puertas cerradas

Pero, ¿qué de las puertas abiertas? ¿Por qué no franquearlas? ¿No usamos demasiado tiempo en la oración para que las puertas cerradas sean abiertas, habiendo tantas puertas abiertas que esperan ser franqueadas? Pablo, lo recordamos, dejó las puertas cerradas, una tras otra, y penetró en las que se hallaban abiertas. En todas partes, hay puertas abiertas, franqueemos esas puertas y dejemos a Dios que abra las cerradas según su propia voluntad. Él sabe dónde y cuándo quiere que trabajemos y Él abrirá el camino.

4. Debido a que creímos que sus religiones eran suficientemente buenas para ellos

Hay gente que debiendo estar bien informada, nos dice que los paganos se hallan en mejores condiciones de lo que parece; que su propia religión les satisface y basta a sus necesidades. ¿Es eso cierto? Si así fuere, por cierto que deberíamos dejarlos solos. Pero, ¿son felices así como se hallan?

Pienso ahora en aquel musulmán de Argelia que amenazaba una y otra vez con cortarse el cuello con un gran cuchillo, hasta que su sangre corrió abundantemente. Luego se tapó con diarios, y finalmente tomó un fósforo prendiendo los papeles, el cabello y la sangre. ¿Podemos imaginar su agonía? ¿Por qué esa auto-tortura? Por su religión. Estaba ganando méritos para el paraíso. Le habían enseñado que debía causarse sufrimiento y lo estaba haciendo con violencia. ¿Quisieras cambiar de lugar con él? ¿Aceptarías su islamismo y le darías tu cristianismo? ¿Qué religión preferirías? ¿Piensas que el islam le otorgó paz, bienestar y felicidad, o lo opuesto? Te dejo la contestación.

Pienso ahora en mi visita a los aborígenes de Australia, y en lo que sucede cuando nace un bebé. El hechicero tiene que encontrar en algún lado una víctima, pues hay quien se halla enfermo o ha muerto. Se apodera del recién nacido y a pesar de las protestas y agonizantes reclamos de la madre, llena su pequeña boca con arena hasta que lo mata por asfixia. ¿Por qué hace eso? Pues porque su religión pagana le dice que debe hacerlo. Los espíritus deben ser satisfechos. ¿Esa clase de religión brinda felicidad a la madre? ¿Puede gustarle ver cómo se asesina a su hijito ante sus propios ojos? No creo. Pero me dicen que su religión es suficientemente buena para ella. ¿Cambiarías de lugar? ¿Desearías ser esa madre? Nuevamente dejo contigo la contestación.

Pienso en los días que he estado en el África, donde son muertos los bebés mellizos. Si Dios te diera mellicitos, ¿estarías dispuesto a dejar que los asesinaran? Deberías hacerlo si vivieses en África, pues tu religión te empujaría a destruirlos.

Pienso en mis viajes a través de la India y en las viudas hindúes, que debido a su religión se acostaban antaño al lado del cadáver de su esposo para dejarse atar y ser quemadas vivas. Miles fueron a la eternidad gritando en terrible agonía, mientras que lentamente se quemaban hasta la muerte ¿Cambiarías tu religión por la de ellos? ¿Piensan que eso les rinde alguna satisfacción, algún gozo? Con todo, me dicen que los deje así, que están mejor como están. ¡Qué filosofía endurecida!

También pienso en los paganos africanos, quienes cuando muere un jefe tiran sus viudas —treinta, sesenta o cien, a la misma tumba que él— y las entierran vivas. ¿Eso es algo agradable? ¿Estarías satisfecho con tal religión?

Por último, pienso en mis experiencias en las islas de los Mares del Sur, en las que cuando muere un esposo, su viuda es estrangulada por su hijo mayor, si es de suficiente edad. Piensa en las miles de viudas que han muerto de esa manera. Una religión que demanda tales horripilantes prácticas, ¿te satisfaría? Entonces, ¿cómo puedes decir que está bien para ellos?

Si tú, mi amigo, no estás dispuesto a aceptar para ti mismo estas religiones con sus consecuencias, sus prácticas abominables, deberías avergonzarte de decir que los paganos están bien como están. Sus religiones son religiones del temor. Nada conocen de paz y amor. No tienen esperanza. Solo el evangelio ofrece vida, vida abundante y aquello que satisface el corazón.

5. Debido a que no enviamos suficientes misioneros

El problema siempre consiste en la falta de obreros. En la China hay grandes campos para la siega y deben ser atendidos a mano; con todo, son atendidos. ¿Por qué? Porque cada hombre, cada mujer, cada joven o cada muchacha, con habilidad para manejar la hoz, va al trabajo; por consiguiente hay obreros en abundancia.

Nuestro Señor reconoció ese problema. Dijo: «A la verdad la mies es mucha, pero los obreros pocos. Rogad, pues, al Señor de la mies, que envíe obreros a su mies» (Mateo 9.37-38). Si contásemos con suficiente cantidad de obreros, podría realizarse la tarea, pero siempre fueron escasos. Hoy día, con la población aumentada, son tan pocos los obreros en comparación, como lo eran en los días de Jesús. Por eso es que constantemente apelamos a los jóvenes y a las señoritas para que se ofrezcan al servicio misionero. Debemos lograr más obreros.

6. Debido a que no seguimos los métodos paulinos

En 2 Timoteo 2.2 vemos establecido el método paulino: «Lo que has oído de mí ante muchos testigos, esto encarga a hombres fieles que sean idóneos para enseñar también a otros». El método de Pablo consistía en la enseñanza a unos, quienes a su vez habrían de enseñar a otros: así se proveía, preparaba y equipaba a los obreros.

El mejor camino para cumplir con eso, hoy día, es por medio de institutos bíblicos. Lo primero que deberíamos hacer al ir a un campo extranjero sería establecer un instituto bíblico, preparar a los obreros disponibles en cuanto hayan sido ganados para Cristo, y luego enviarlos como evangelistas entre su propio pueblo. El propio nativo es la clave para la situación. El misionero extranjero no puede nunca abrigar la esperanza de evangelizar el mundo. Nunca llegará el día cuando nos sea posible instalar un misionero procedente de nuestros campos en cada pueblo o ciudad. Y si pudiéramos hacerlo, no sería buena política. Pensemos en nosotros mismos llamando a extranjeros para que sean nuestros pastores. Eso no es natural.

Jesús, lo recordarán, preparó a los doce; luego, a los setenta. Pablo nunca fue pastor. Ganaba convertidos, ordenaba los ancianos de la iglesia, y seguía. Colocó las iglesias bajo la dirección nacional y desde un principio los indujo al sostenimiento propio. Eran organismos vivientes. Los organismos como estos siempre crecen.

En Hechos 19.8-10 y 18-20 tenemos un ejemplo admirable del método paulino. Se nos informa que en dos cortos años, todos en la provincia de Asia oyeron el evangelio. Hubo un poderoso avivamiento. Libros pertenecientes a falsos cultos fueron quemados públicamente, libros que habrán costado enormes cantidades de dinero.

¿Cómo sucedió? Pablo se hizo cargo de una escuela y enseñaba cada día. Muy probablemente, él mismo no viajó por toda Asia evangelizando aquella provincia. Hasta donde llega la información, permanecía en un lugar, pero enseñaba a otros. Luego, éstos salían para predicar el evangelio a todas partes, con los resultados descriptos en el capítulo 19. Adonde iba, «anunciaba el evangelio y hacía discípulos» (Hechos 14.21). Ese método no podrá superarse. Resultará en todas partes.

La Misión a las Indias Occidentales[12] lo ha probado. Comenzaron en Cuba con un instituto bíblico, no una iglesia, nótese, sino un instituto bíblico. Luego fueron a Haití y establecieron otro. Luego instalaron uno en la Re-

---

[12] Se refiere a las islas del Caribe.

pública Dominicana y otro en Jamaica. Actualmente han comenzado un quinto en una de las islas francesas. ¿Cuál ha sido el resultado? Los estudiantes, en cantidades de cientos, fueron de sus institutos bíblicos a lo largo y ancho de las Antillas, y más de 80.000 personas han sido ganadas para el Señor Jesucristo.

El antiguo sistema ha sido seguido por décadas. Se han levantado iglesias en ciudades y poblaciones más grandes, pero los distritos de campo, donde vivía la mayor parte de la gente, fueron dejados sin evangelizar. La Misión a las Antillas llegó allí. Se adoptó el método paulino, y ahora las conferencias anuales tienen más de 7.000 almas ganadas para Cristo; tanto ha crecido y se ha multiplicado la Palabra de Dios.

En Etiopía los misioneros habían tenido pocos resultados. Apenas si habían logrado un puñado de creyentes cuando yo estuve allí. Luego los nacionales tomaron el control y durante la ocupación italiana, y a pesar de los encarcelamientos, torturas y martirio, 20.000 personas fueron conducidas a Cristo, y eso, sin contar con la ayuda de ningún misionero. Actualmente hay 50.000 cristianos y 300 iglesias nativas. ¡Qué milagro! Ese es el camino ideal, el único que tendrá éxito.

Ese método reduce gastos. Los nativos pueden vivir más económicamente. No es necesario obtener visas. Pueden ser sostenidos por sus propias iglesias. No son necesarios fondos extranjeros. Todo lo que tenemos que hacer consiste en atender al misionero y su trabajo y dejar a los nativos que hagan lo restante. La obra llegará a sostenerse, gobernarse y propagarse por sí misma. Ése es el camino espiritual. El método paulino no puede superarse.

7. Debido a que no estamos convencidos de que los paganos están perdidos

Si no están perdidos antes que oigan, entonces haremos mejor en dejarles como están. Si perecen definitivamente aquellos que rechazan a Jesús, jamás deberíamos hablarles de Él. Mejor dejarles en su ignorancia que llevarles bajo condenación. Pero la enseñanza de toda la Biblia es que el hombre sin Cristo se pierde y que la única esperanza de salvación es el evangelio.

Este hecho terrible señalado por un ateo, fue el que hizo ir a Studd al campo misionero. «Si yo hubiera creído firmemente —dijo— como millones dicen, que el conocimiento y práctica de la religión en esta vida influyen en el destino a la eternidad, entonces la religión sería todo para mí. Tiraría como escoria por tierra las diversiones mundanas. Tendría por locura los cuidados terrenales y como vanidad los pensamientos de este mundo. La religión sería para mí lo primero como pensamiento al despertarme y mi última imagen antes de dormirme. Trabajaría solo en su causa, solo cultivaría el pensamiento por el mañana de la eternidad. Estimaría que un alma ganada para el cielo es premio digno de una vida de sufrimiento. Las consecuencias terrenales nunca frenarían mis manos ni sellarían mis labios. La tierra con sus gozos y penas, no ocuparía en ningún momento mis pensamientos. Trataría de mirar sólo hacia la eternidad y a las almas inmortales a mi alrededor, que serían desdichadas por siempre jamás o felices en las mismas condiciones. Saldría al mundo para predicar a tiempo y fuera de tiempo, y mi texto favorito sería siempre: "¿De qué le servirá al hombre ganar todo el mundo, si pierde su alma?"»[13]

Pablo habla del mundo pagano en esta forma: «Muertos en vuestros delitos y pecados, [...] hijos de ira, [...] sin esperanza y sin Dios en el mundo» (Efesios 2.1, 3, 12). ¿Podía haber lenguaje más claro? Esa es la condición de ellos. Están irrecuperable y eternamente perdidos.

Hay dos pasajes que ajustan estas situaciones de una vez para siempre. El primero es Hechos 4.12: «En ningún otro hay salvación; porque no hay otro nombre bajo del cielo, dado a los hombres, en que podamos ser salvos». Ninguno de sus dioses, ninguna de sus religiones, puede beneficiarlos. Los nombres de Mahoma, Confucio, Buda y todos los demás no sirven. Cristo —¡y sólo Cristo!— puede salvar.

La segunda declaración se halla en Juan 14.6, donde dice Jesús: «Nadie viene al Padre sino por mí». No hay otro camino hacia Dios: Cristo o la condenación. «Yo soy el camino», así declara Él. Ningún otro puede serlo. Si los paganos no están perdidos, entonces estos versículos no quieren decir lo que dicen.

Pero se me dirá que es injusto. Te parecerá que es una falla divina. Piensas que un Dios de amor no lo permitirá ni podría llegar a permitirlo. ¿Nos debe Dios, acaso, la salvación? Si así fuere, no sería de manera alguna por gracia. Él simplemente estaría pagando una deuda. Pero Él no está obligado por nada. Todo es por gracia.

Amigo mío, puedes descansar sobre una importante

---

[13] Mateo 16.26.

declaración, tal como es esta: «El Juez de toda la tierra, ¿no ha de hacer lo que es justo?» (Génesis 18.25). No sé qué es lo que Él hará, pero sé con certeza que será absolutamente justo. El obrará correctamente. Puedo dejarlo todo en Sus manos. Y al fin, cuando compruebe lo que Él ha hecho, estaré completamente satisfecho, porque diré: «Ha sido justo. Ha hecho lo que yo hubiera hecho en su lugar». Estaremos de acuerdo con el veredicto del ángel: «Tus juicios son verdaderos y justos» (Apocalipsis 16.7).

Recuerda que hay grados de castigo. La Biblia habla de muchos azotes y de pocos azotes (Lucas 12.47-48). Los paganos, aparte de Cristo, nunca llegarán al cielo, pero serán tratados con justicia. Ahora es un misterio, entonces será claro. Mientras tanto, es nuestro deber, responsabilidad y privilegio darles el evangelio y hacer todo lo posible para ganarlos para Cristo.

No fracasemos de nuevo

Todos queremos hacer la voluntad de Dios y sabemos que nada está más cerca de su corazón que la evangelización del mundo. Si hemos fallado en el pasado, no hay razón para que debamos fallar en el futuro. Pongamos manos a la obra. Trabajemos mientras el día dura. El mundo debe ser evangelizado. ¿Por qué no hacerlo en esta generación?

Bien puede ser que Dios te esté llamando y que quiera que vayas. Si es así, obedece al Espíritu. No seas rebelde a la visión celestial. Responde: «Heme aquí, envíame a mí» (Isaías 6.8). Quizá quiera que mandes un reemplazante. Si es así, gana tanto dinero como puedas e inviértelo en un sustituto. Manda alguno en tu lugar. Haz tu parte para evangelizar el mundo. Quizá te está llamando para orar. No le falles. Sé un intercesor. Coloca las misiones en tu corazón. Ora porque haya obreros que vayan a la mies. Ora por dinero. Ora hasta que el mundo haya sido evangelizado.

CAPÍTULO 8

¿Por qué debemos ofrendar para las misiones?

Leemos en Proverbios 11.24-25: «Hay quienes reparten y les es añadido más, y hay quienes retienen más de lo justo y acaban en la miseria. El alma generosa será prosperada: el que sacie a otros, también él será saciado».

En verdad, estas son palabras profundas. Es posible esparcir lo que poseemos y tener más, mientras que si tratamos de guardarlo tendremos menos. Los hombres que usaron sus talentos los duplicaron, pero el que lo escondió lo perdió. «El alma generosa será prosperada: el que sacie a otros, también él será saciado».

Siempre habrá quienes quieren saber por qué debemos contribuir a la obra misionera en otras partes. «¿No hay bastante que hacer aquí? —preguntan—. ¿Por qué enviar dinero al campo extranjero?» Varias son las razones que trataremos de enumerar, rogando que se les preste a cada una de ellas atención y oración.

Las iglesias misioneras progresan

Primero de todo, he descubierto que las iglesias misioneras son iglesias que progresan. En otras palabras: «la luz que alumbra más lejos, es la que más resplandece». Muéstrenme una iglesia que arda de pasión por la obra misionera en el extranjero y les mostraré una iglesia que arde por ganar almas en su campo. Muéstrenme una iglesia que contribuya generosamente para las regiones apartadas y les mostraré una iglesia libre de problemas financieros locales.

Cuando estuve en Palestina, viajé de Jerusalén a Jericó. Vi las ruinas de la antigua Jericó y fui al río Jordán donde Jesús fuera bautizado. Quise cruzar ese lugar a nado y lo hice. Seguí hacia el Mar Muerto, donde pude volver a nadar. Viajando hacia el norte, llegué al fin del Mar de Galilea, nadando allí también. Al estar en sus orillas, pensé en la diferencia de las dos masas de agua: el Mar de Galilea lleno de vida y el Mar Muerto, sin vida. ¿En qué radica la diferencia? —me pregunté.

El Mar Muerto recibe sin dar y está estancado. El Mar de Galilea, recibiendo, da, y está lleno de vida; sus aguas son saludables.

He ahí una ilustración perfecta de la iglesia misionera y de la que no está interesada en las misiones. Esta última recibe, pero usa todo para sí. Nunca da nada. Por lo tanto, cual fuente estancada, está llena de alimañas —que se buscan las faltas unos a otros, se critican, pelean y dividen entre sí—, y terminan carcomiéndose el alma. En cambio la iglesia misionera recibe y da. Por lo tanto, está viva y es agresiva, y la bendición de Dios descansa sobre ella.

Ocurre igual cosa con el individuo. El que lo guarda todo para sí, negándose a compartirlo con otros, se torna en fuente estancada, un Mar Muerto que no es de bendición para nadie. Nos toca a nosotros resolver si nuestra vida estará simbolizada por el Mar Muerto o por el de Galilea.

Dónde está nuestro tesoro

Lo estamos haciendo ya sea en el cielo o en la tierra. La orden de Dios es: «No os hagáis tesoros en la tierra, donde la polilla y el moho destruyen, y donde ladrones entran y hurtan; sino haceos tesoros en el cielo, donde ni polilla ni el moho destruyen, y donde ladrones no entran ni hurtan» (Mateo 6.19-20). Todo lo que tenemos, un día lo hemos de perder. Todo lo que invertimos en el alma de los hombres, es lo que preservaremos. Entraremos a la eternidad como mendigos por no haber atesorado allí nada de antemano, o como herederos, recibiendo lo que contribuimos mientras aún estábamos en la tierra.

Me recuerda esto la leyenda de una mujer muy rica y su chofer. Ella esperaba poseer una mansión en el cielo, pero al llegar, habiendo pasado por las mansiones, se la llevó a una casa muy humilde. Al preguntar quiénes eran los dueños de aquellas mansiones, se le informó que su chofer vivía en una de ellas. Al expresar ella su sorpresa y disgusto, se le dijo que él había estado enviando materiales durante toda su vida, al invertir su dinero en las almas de los seres humanos, especialmente en la obra misionera en otros lugares, mientras que ella había enviado tan escasos materiales que se habían visto obligados a hacer lo mejor que pudieron con lo poco que había.

Algunos de nosotros ya tenemos bastante recorrido en la vida. Tenemos poco tiempo para hacernos tesoros en el cielo. Más vale que empecemos ahora, antes que sea demasiado tarde. Todo lo que podamos enviar por adelantado, estará esperándonos a nuestra llegada y nos será devuelto con interés.

Dé muestras de su amor

Si hemos de mostrar a Jesús cuánto le amamos, hemos de hacerlo en forma práctica. Amar significa sacrificio. El amor encuentra su expresión en las obras. Podemos probar ese amor por el uso que hacemos del dinero, por los sacrificios que haremos para otros, por nuestros esfuerzos por llevar el evangelio a las tierras paganas. Él quiere algo más que un testimonio. «La fe sin obras está muerta» (Santiago 2.20). Lo mismo acontece con el amor. Si amamos al Señor, compartiremos lo que tenemos con los que no lo conocen, para que ellos también sean atraídos hacia Él.

El secreto divino para la prosperidad

Realizaba yo una campaña en la Iglesia del Pacto, en Minneápolis, Estados Unidos, donde el doctor Paul Rees era pastor. Una noche al finalizar el culto, un hombre de negocios, bien vestido, se me acercó y estrechó mi mano. Yo no lo conocía.

—Doctor Smith —me dijo—, le debo a usted todo lo que tengo en la vida.

Al mirarlo yo, sorprendido, me contó su historia:

—Yo estaba en la miseria —empezó—. Había perdido mi trabajo. Mi esposa y mis dos hijos me habían abandonado. Mis ropas eran harapos. Un día, vagando, entré a la iglesia durante una de sus Conferencias Misioneras. Usted hablaba y estaba diciendo cosas que me llenaron de asombro. Nunca las había oído. Decía usted: «No pueden presionar a Dios para que Él les dé».

Me senté más derecho y presté atención.

»Para probar su sinceridad —continuó el hombre—, llené una de las tarjetas, prometiendo a Dios darle cierto porcentaje de todo lo que me diera. Eso era fácil, por supuesto, porque en ese momento no tenía nada. Pero para mi sorpresa, pocas horas después conseguí trabajo. Cuando se me pagó, envié la suma que había prometido. No mucho tiempo después me aumentaron. Y contribuí más. Pronto tuve ropa nueva. A su debido tiempo, conseguí mejor empleo y mi esposa e hijos volvieron conmigo. No mucho después tenía canceladas todas mis deudas y siempre continué dando.

»Ahora —exclamó— la casa donde vivo es mía y tengo dinero en el banco. Todo se lo debo a usted. Descubrí que tenía razón. Descubrí que Dios era leal a su promesa».

¿Quieres conocer el secreto de esta prosperidad? Lo hallaremos en el ejemplo del hombre que les conté: «Dad y se os dará». Para recibir hay que dar. Dios no es deudor de nadie.

Bien recordamos los días de la Gran Depresión. Cientos de hombres vinieron a la iglesia en busca de ayuda. Muchas veces hablé con ellos. Ninguno podía decir con sinceridad que le había dado a Dios sus ofrendas en los días de prosperidad. Dios cuida a los que se acuerdan de Él. «Yo honro a los que me honran» (1 Samuel 2.30). Más vale que arreglemos cuentas con Dios ahora, en los días de prosperidad, o también necesitaremos ayuda pública cuando surjan dificultades. Y no conozco mejor manera de dar a Dios que dando a la obra misionera.

Dinero como medio para lograr un fin

¿Es el dinero un fin en sí mismo o es simplemente el medio para lograr ese fin? Si es un fin en sí, entonces no estamos buscando extender el reino de Dios. En lo que concierne al cristianismo, el dinero debería ser un medio para lograr un fin. Si yo fuese hombre de negocios, trabajaría mucho. Ganaría tanto como pudiera y si ganara más de lo que necesitara para mí mismo y para los que dependieran de mí, mantendría un misionero en la China. Si pudiera ganar más aún tendría uno en África, uno en la India, etcétera. Haría del dinero un medio para lograr un fin y que el fin fuese llevar el evangelio por doquier. Me pondría del lado de Dios y su programa para la evangelización del mundo. Entonces podría esperar sus más grandes bendiciones. ¿Estamos ganando dinero para nosotros o para la obra de Dios? ¿Qué fin tenemos en vista?

Dejar un testamento no trae recompensa

Muchos creen que pueden testar su dinero a las misiones

114

y así tendrán derecho a una recompensa. ¿No sabemos, acaso, que Dios nunca promete bendición a los que dan su dinero después de su muerte? ¿Por qué habrían de recibir bendición por hacer lo que necesariamente tendrían que hacer? Dios nos dice claramente que se nos recompensará sólo por lo que hicimos mientras vivíamos.

Yo quiero saber qué se hace con mi dinero. No quisiera testarlo a las misiones para que mis hijos se peleen después de mi muerte, y los abogados se lleven la mayor parte. Desearía que ahora ese dinero fuese usado para lo que me interesa. Quiero darlo ahora, mes tras mes, mientras viva. De otra manera, yo sé que no obtendré recompensa.

Significado del sacrificio

¿Conocemos ese significado? Nunca podré olvidarme de una niñita llamada Gracia. Fue salvada en la Iglesia Presbiteriana Dale cuando yo tenía algo más de veinte años. Tenía su corazón e interés en la India. Un día su madre le dijo que le compraría un tapado nuevo. El que estaba usando estaba viejo, gastado, después de seis años de uso. Pero la niña rogó e insistió a la madre que le dieran el dinero a ella, porque podría seguir usando el tapado viejo por un año más. Así lo hizo su madre y la niña le envió el dinero a su misionera en la India.

Antes de que yo saliera de esa iglesia, Gracia se enfermó. En su lecho de muerte, ella le hizo prometer a su madre que tomaría su ropa, tal cual la tenía, la vendería y enviaría el importe a la India. Con lágrimas en los ojos, la madre se lo prometió. Nos gustaría estar cerca del trono de Dios cuando Gracia reciba su recompensa. Tenía su corazón en la India y su dinero siguió a su corazón, sin contar los sacrificios. ¿Conocemos nosotros este tipo de sacrificio?

Mi primera Promesa de Fe

Nunca podré olvidarme de mi primera Promesa de Fe. Recién me había hecho cargo del Tabernáculo de la Alianza Cristiana y Misionera en Toronto, Canadá, y se estaba celebrando una Conferencia Misionera. Me hallaba sentado en la plataforma. Después de un rato, un joven vino y me entregó una tarjeta. La miré y leí en ella: «Con el favor del Señor me esforzaré por dar a la obra misionera...» Yo dije: «Señor, yo no puedo dar nada. Estoy ganando tan sólo veinticinco dólares semanales, estamos en medio de la guerra y tengo que mantener a mi esposa y a nuestro hijo. Todo está caro. Me quedo sin nada al concluir cada semana, ¿cómo puedo dar yo?»

Comprenderán que nunca había dado en forma sistemática. Cuando daba uno, dos o cinco dólares en la ofrenda, pensaba que en realidad estaba haciendo mi parte, pero el hacer una Promesa de Fe y dar sistemáticamente era una experiencia desconocida para mí.

Sentí que, como pastor, debería dar el ejemplo. Tenía que hacer algo en verdad. Oré: «Señor, no tengo nada para dar. ¿Qué haré?» Pareció que inmediatamente me hablaba el Señor: «No te pido por lo que tienes. Te estoy pidiendo una promesa de fe. ¿Hasta cuánto puedes confiarme?» Lo capté en un momento. «¡Oh —dije—, eso es diferente! ¿Hasta cuánto puedo confiarte?»

Pensé que quizá podría confiarle por cinco dólares o

quizá hasta diez. De pronto me pareció que Él me hablaba otra vez: «Cincuenta dólares», me dijo. Quedé perplejo: «¡Cincuenta dólares!», exclamé. Pero jamás había oído de contribuir con semejante cantidad. «¿Cómo voy a dar cincuenta dólares?» Pero la impresión persistía... Serían cincuenta dólares. Con mano temblorosa llené la tarjeta y la firmé.

¡Cómo desearía poder trasmitirles mi gozo, mes a mes, al orar por la cantidad asignada! Cómo la obtuve, ni yo mismo lo sé. Todo lo que sé es que Dios los envió y que, al fin del año, ya había pagado totalmente los cincuenta dólares.[14]

La bendición era tan grande que al año siguiente dupliqué la suma, y la volví a duplicar otra vez y año tras año, por más de treinta años ha sido mi gozo hacer una contribución definida a la obra misionera. Así he podido contribuir con miles de dólares, por dar consistente y sistemáticamente, año tras año, a medida que Dios me iba prosperando.

Lo que les pido que ustedes hagan es lo que yo mismo he hecho. Conozco algo del gozo de dar. Sé lo que es invertir para Dios. He recibido la visión y no puedo vivir para mi yo. La vida no tiene sentido, menos aún que nada, hasta que me dé por completo. No se trataba de cuánto de mi dinero daría a Dios, sino ¿cuánto dinero de Dios me guardaría yo? Amigos, estamos contribuyendo para la obra misionera.

---

[14] A diferencia de lo que suele acontecer en Latinoamérica, donde los presupuestos son hechos por lo general en forma mensual, en los países del Primer Mundo se realizan más bien por periodos anuales.

¿Cómo puede una junta de misiones saber cuántos misioneros podrá sostener, si no hacemos Promesas de Fe? No estaremos sosteniendo la obra misionera mundial de la iglesia si no cooperamos con el programa. Dar solamente cuando uno lo siente, en vez de hacer una promesa en oración, no demanda fe. Nunca nombramos a nadie para un cargo en la iglesia a no ser que haya hecho una Promesa de Fe como símbolo de que sostiene este trabajo. Los que me dicen que no creen en estas Promesas de Fe, porque no quieren que su mano derecha sepa lo que hace su izquierda, en verdad, dicen lo cierto. Dan tan poco, que en verdad su derecha se avergonzaría si supiera lo que da su izquierda. Cuidado, mi amigo, no sea cosa que hayas de estar en la presencia del Eterno, con una gran cuenta de banco que debiera haberse invertido en la obra misionera. ¿Y cómo lo explicarías en ese Día?

Deberían compartir por igual

Supongamos que un niño cae en un pozo. ¿Quién recibirá la recompensa por la salvación del niño: el que sostuvo la cuerda, el que bajó hasta el fondo, o ambos? Dios dice que ambos deberán compartir por igual. El que se mantiene en pie y hace posible que el otro baje al pozo para salvar al niño merece premio, tanto como el que baja. Quizá uno no pueda descender, quizá uno no pueda conocer el campo extranjero, pero sí puede sostener la cuerda. Podemos ayudar a que otro vaya. Podemos enviar un reemplazante y si lo hacemos, si damos dinero, la recompensa será tan grande como la recompensa para el que va.

Todos tenemos que pertenecer a la brigada de los que apagan el fuego. Quizá uno esté a mitad del camino, pasando los baldes, o quizá bombeando el agua. El asunto es si uno está en la línea, en su lugar. ¿Perteneces a la brigada contraincendios? ¿Estás haciendo algo? ¿O eres meramente espectador? Nuestro lema debería ser: «Cada cristiano un misionero».

Aquellos que pueden dar

Puede uno dar como individuo, como pastor o como evangelista. No creo que haya alguien que pueda hacer más para las misiones que un evangelista. Tiene una oportunidad preciosa. En cada campaña que realiza puede reunir grandes cantidades de dinero para la obra misionera. Tiene una tremenda responsabilidad. El dinero que reciba puede transformarse en obra misionera.

¡Oh, si supiera el gozo que ello trae! ¡Y cómo bendeciría Dios su ministerio! Podrían reunirse miles de dólares y cientos de misioneros podrían ser sostenidos. Así la obra de Dios cubriría la redondez de la tierra. Celebrando mis campañas en Australia, traje al volver cerca de seis mil dólares para la obra misionera.

Deseo apelar al pastor: él también puede dar, porque podrá hacer de su iglesia una iglesia misionera, enseñando a su feligresía a contribuir para la obra más importante del mundo. Le corresponde a él ser el guía y el pueblo sabrá seguirlo. ¡Qué ministerio! Que Dios nos ayude a no defraudarlo.

Adónde dar

Pero cuando damos, estemos seguros de no dar para fomentar el modernismo. Hay que seleccionar entre las agencias que son fieles a la Palabra de Dios y ganan almas. Algunos pretenden la *cristianización* del mundo; los creyentes bíblicos buscamos la *evangelización* del mundo.

Están los que ponen un énfasis especial en los subproductos del cristianismo: la educación, el servicio social, los hospitales, etcétera. Creemos que es necesario predicar el evangelio primeramente. Nuestra primera misión no es educar al pagano sino evangelizarlo.

Debes ver que tu dinero vaya a lugares donde tienes confianza en el trabajo que se realiza. Debes sostener sólo a misioneros que sean sanos en la fe. Demos a las agencias misioneras que tengan menos personal jerárquico. Estemos seguros que la mayor cantidad de dinero vaya a parar a la obra misionera en sí. Investiguemos hasta estar satisfechos. Debemos saber adónde va el dinero y cómo será usado. Por lo menos 85 a 90 por ciento debe llegar a la obra misionera.

¿Qué has hecho tú?

«De tal manera amó Dios al mundo que dio...» Dio a su Hijo unigénito. ¿Qué has dado tú? ¿Te has dado a ti mismo? ¿Has dado a tus hijos? ¿Has dado tus oraciones? ¿Has dado tu dinero? ¿Has dado algo? ¿Que has hecho por los que están en tinieblas y en desesperación?

Los mártires lo dieron todo: dieron sus vidas. He estado parado sobre la arena que estuvo teñida de sangre. Prediqué una vez en un circo en Roma, donde cincuenta mil cristianos fueron arrojados a las fieras o crucificados; muchos de ellos fueron transformados en antorchas humanas por su fe en Cristo. En medio de las llamas, gritaban: «¡Cristo es victorioso!» Lo dieron todo. ¿Qué has dado tú?

¿Exige Dios demasiado cuando te pide tu dinero —dinero que Él te ha dado—, para que los paganos en tierras lejanas puedan oír el evangelio? Si los mártires dieron todo cuanto tenían, ¿no podremos por lo menos dar algo y así hacer nuestra parte en la evangelización del mundo?

Cuánto debo dar

Se me dio no hace mucho un papelito con la pregunta: «¿Cuánto debo dar este año a la obra misionera?» Contesté con cuatro cosas que comento ahora y que quisiera dejar con mis lectores antes de terminar este capítulo, tal como las respondí:

1. Si me niego a dar a la obra misionera este año, prácticamente estoy votando para que se cierren todas las obras misioneras, y vuelvan todos los misioneros a sus países de origen.

2. Si doy menos de lo que he dado hasta ahora, favorezco la reducción de las fuerzas misioneras, en proporción a lo que reduzco de mi contribución.

3. Si doy lo mismo que antes, favorezco que se mantenga la obra hecha hasta ahora y me opongo a que el movimiento avance. Algunos cantamos: *Estad por Cristo firmes*, olvidándonos que el Señor nunca planeó que su ejército se refugiara en una fortaleza, en posición de firmes, puesto que a todos sus soldados se les ha ordenado: «¡Id!».

4. Si aumento mis ofrendas, entonces acepto que pro-

grese la obra en la conquista de nuevos territorios para Cristo. ¿Perteneceré yo a este grupo? Creo que se debe aumentar el número actual de misioneros que se basan en la Biblia y, por lo tanto, aumentaré mis ofrendas para las misiones.

Yo haría justamente eso. Daría más este año que el pasado. Quizá no podamos dar mucho más, pero, por lo menos, algo más. Así, al dar mi ofrenda, podría decir: «Favorezco que se aumente la causa de las misiones».

Todos estamos de acuerdo en que el mundo debe ser evangelizado. Nos damos cuenta de que unos irán al trabajo misionero, otros han de orar, y otros contribuirán. No importa cuál sea nuestra parte, siempre que tengamos una parte y que, al hacerla, estemos haciendo lo que Dios quiere que hagamos. Si tu parte es dar, da hasta que te duela; y luego sigue dando hasta que se te torne un gozo.

Algún día se te llamará para dar cuentas en la presencia de Cristo y se te censurará o se te premiará. ¿Cuál será tu suerte? Puedes ser misionero aunque no vayas; tu corazón puede estar en el campo misionero y allí donde estuviera tu corazón, allí también estará tu tesoro. O puedes negarle a Dios la ofrenda y perder la recompensa.

Quiero instarte a que des. Que des como nunca has dado antes. Que des hasta sentir que Dios está satisfecho. Que des como dando a Dios mismo y no como dando a los hombres. Haz de las misiones la pasión de tu vida y entonces darás porque no podrás vivir de otra manera.

La necesidad actual

Donde no hay visión el pueblo se extravía» (Proverbios 29.18, NVI). ¡Cuán cierto es esto! Hay multitudes por doquier en nuestras ciudades que están pereciendo porque nos falta visión. Hay masas sin Cristo, por quienes Él murió, que quizá nunca oirán el mensaje de la salvación de Dios a no ser que tengamos visión. Los grandes centros urbanos, por los cuales somos responsables, no conocen el evangelio de la gracia de Dios porque a nosotros, sus seguidores, nos falta visión. ¿Qué haremos? ¿Cuándo —¡oh cuándo!—, tendremos la carga y seremos conscientes de nuestra responsabilidad? Es cierto el veredicto: «Donde no hay visión, el pueblo se extravía».

Protegidos en nuestro refugio, rodeados de comodidades, satisfechos con un puñado de seguidores sobrealimentados, realizamos nuestros cultos, predicamos los sermones, sin preocuparnos mayormente, al parecer, por las multitudes que perecen a nuestro derredor. Sin embargo, Dios nunca ordenó a los pecadores que se nos acercaran. Nos dijo que nosotros fuésemos a ellos. ¿Por qué culparlos de que no se acercan a nosotros cuando la verdadera culpa es nuestra? ¡Dios nos perdone y nos ayude! «Donde no hay visión, el pueblo se extravía».

El mundo hace cualquier cosa por atraer la atención. Se levantan teatros en los puntos céntricos más destacados, mientras que a menudo las iglesias eligen una calle no céntrica, y un edificio pequeño, pobremente iluminado. ¡Y luego nos preguntamos por qué no viene la gente! «Los hijos de este siglo son más sagaces en el trato con sus semejantes que los hijos de luz» (Lucas 16.8). Toda ciudad precisa contar con algún tipo de ministerio evangelístico de importancia, con ubicación central, de acceso fácil, capaz de atraer al transeúnte, con un programa atrayente y efectivo que conmueva a los indiferentes, llame a los pecadores y los encamine al cielo. Sin esta visión, la gente seguirá rumbo a la perdición.

Todo lo que se necesita para que surja esa visión de Dios es fe, o mejor aún: fe y trabajo. La fe y las penurias harán milagros. Una visión dada por Dios, una fe dada por Dios, amén de nuestras penurias, es decir, trabajo sacrificado, lograrán que se haga lo imposible. El lema de Carey lo resume todo: «Esperad grandes cosas de Dios; emprended grandes cosas para Dios». No podemos esperar grandes cosas de Dios hasta que emprendamos grandes cosas para Él. Logremos la visión de Dios y hagámosla realidad. «Al que cree todo le es posible», «Todas las cosas son posibles para Dios», «Tened fe en Dios» (Marcos 9.23; 10.27; 11.22).

Vivimos en días de terrible apostasía. Al viajar por Europa, Canadá y los Estados Unidos me he sentido cargado, abrumado por la situación y perspectiva religiosa, como nunca antes. La iglesia que profesa ser verdadera, como está escrito, se ha tornado en iglesia apóstata. Muchos están abandonando la fe. Esto significa que el mundo entero se ha vuelto campo misionero. Se necesita el mensaje por doquier. No hay un lugar más necesitado que el otro. Miles de asistentes a las iglesias nunca oyen el verdadero evangelio.

En muchos púlpitos se oye, de labios de ministros ordenados al evangelio, afirmaciones como: «No predicaré más la aceptación total de la Biblia. No predico ni el cielo ni el infierno de la Biblia, y no conozco a ningún buen predicador que lo haga. Mi educación no me permite aceptar los milagros de la Biblia. No creo en la doctrina de la salvación por sangre. Gracias a Dios, no soy salvado por la sangre de nadie; la salvación por sangre es un evangelio de carnicería». Hacen alarde de conceptos nuevos sobre doctrinas antiguas. Frente a tales desviaciones, ¿no es acaso hora de que los verdaderos siervos de Dios clamen y proclamen, una vez más, las poderosas verdades que transforman el alma y que vienen del libro antiguo, la Biblia?

El general Booth escribió el libro *In Darkest England* (*En lo más oscuro de Inglaterra*). Dios ha grabado en mi corazón aquella terrible declaración: «Las tinieblas cubren la tierra, y una densa oscuridad se cierne sobre los pueblos» (Isaías 60.2). Esto es muy cierto hoy día, no sólo en el campo misionero extranjero sino también entre nosotros. Por todo lugar nos encontramos con gente que se halla en total oscuridad, en lo que a salvación eterna concierne. Pocos púlpitos predican el verdadero evangelio, que enfatiza el nuevo nacimiento, hace claro el camino de la salvación e invita a aceptarlo. Pocos son los que se adelantan al altar o pasan a la sala de consejería. Los cultos se están volviendo cada vez más ritualistas. En muchas iglesias los pastores predican como si todos sus oyentes fueran convertidos y estuvieran listos para irse al cielo, siendo que en toda congregación siempre hay de los que nunca fueron regenerados.

¡Oh, si se predicase como Bunyan, Baxter, Aileen, Edwards, Wesley, Whitfield y Finney; sus mensajes traerían temor y temblor a los pecadores, los harían llorar confesando sus terribles cargas de culpa y pecado! Que Dios levante otra vez hombres de ese calibre, hombres que, conscientes de la seria y tremenda responsabilidad del llamado a predicar, y dejando a un lado aspectos de menor importancia, proclamen valientemente los grandes fundamentos de la fe, en estos días finales, para que den el testimonio inequívoco de esa fe. No existe otra prédica ni mensaje que merezca el tiempo ni el esfuerzo.

Por todas partes encontramos gente que es fiel. ¡Bendito sea Dios por ello! No los estoy calificando a todos por igual. Hablo sólo de la condición general y como prueba someto el párrafo siguiente que habla de por sí: «Se informa que el año anterior en 11.394 iglesias en los Estados Unidos no hubo un solo convertido. Los libros oficiales de las iglesias de tres denominaciones prominentes muestran que 3.269 iglesias no tuvieron un solo convertido; que 500 tuvieron sólo un convertido cada una». Este es, amigo, uno de los signos más sorprendentes de los tiempos que vivimos. ¡Qué desafío para los que creen en la necesidad de un nuevo nacimiento!

Se da demasiado tiempo a la controversia religiosa. ¿Por qué estar a la defensiva? La controversia nunca dio nada provechoso. Las verdades de la Biblia no necesitan ser defendidas, necesitan ser proclamadas. La Biblia se defenderá a sí misma. Sobrevivirá a sus críticos. Necesitamos un mensaje positivo. Por una controversia se apagó la luz en el Norte de África y ocurrirá entre nosotros otra vez, si no cambiamos nuestros métodos.

¡Que continuemos con la tarea de esparcir el evangelio aquí y por doquier! ¡Que trabajemos por la unidad del Espíritu! Si creemos que el evangelio es poder de Dios para salvación, entonces prediquémoslo. Los ateos nunca se convencieron por argumentos.

«No atacar, no defenderse», ese ha sido mi lema y bien que me ha servido. No conozco otro mejor y lo recomendaría a cada ministro.

Estamos, según las Escrituras, viviendo en los días de la iglesia en Laodicea. Por lo tanto, la iglesia misma debe ser evangelizada. Debe hacerse un llamado nuevo y sincero, a la separación del mundo y a la devoción completa a Jesucristo. ¿Cómo alguien que ha conocido el nuevo nacimiento puede continuar en una iglesia que es meramente un club? Esto es algo que yo no lo entiendo. Las componendas son condenados en la Palabra de Dios. Deben disiparse las tinieblas. ¿De qué otra manera haremos frente a la funesta apostasía? En la unión radica la fuerza.

El enemigo está a nuestro acecho. La tormenta se avecina y está pronta a desencadenarse. Nada, a no ser la prédica del evangelio con el poder del Espíritu Santo, puede detener la corriente. Entonces, evangelicemos. Vayamos adonde está la gente y, con la mejor música evangélica, los mejores testimonios y los mejores mensajes, atraigamos a las masas sin Cristo. Planeemos un programa evangelístico lleno de luz y conquistémoslas para Cristo.

¿Han leído en Proverbios 24.11-12?: «Libra a los que son llevados a la muerte, salva a los que tienen su vida en peligro. Porque si dices: "Lo cierto es que no lo supimos", ¿acaso no lo considerará el que pesa los corazones? El que mira por tu alma, él lo conocerá, y pagará al hombre según sus obras».

¡Qué pensamiento terrible! ¿Quién puede leerlo y no sentirse convicto, avergonzado? Si los hombres están amenazados de muerte y nosotros no se lo advertimos, tenemos la responsabilidad sobre nosotros. Podemos alegar ignorancia, decir que no lo sabíamos, pero nada de eso nos valdrá. Podemos saber, podemos descubrir la necesidad. Dios no acepta tales excusas. Debemos hacer sonar la alarma, anunciarles el peligro y si no lo hacemos ¡somos culpables de su muerte!

Ésta, mis hermanos, es la necesidad de la hora. ¡Que Dios nos dé visión, no sea que el pueblo perezca y nosotros seamos responsables!

CAPÍTULO 10

Evangelización: la respuesta divina a un mundo que gime

EN ESTE SIGLO están operando fuerzas siniestras. Religiones falsas surgen por doquier. El nacionalismo ha invadido el orbe. El comunismo, el arma más poderosa jamás forjada por la mente satánica, amenaza borrar el cristianismo de la faz de la tierra. La civilización está a merced de las fuerzas atómicas.

Me gustaría llegar al año 2000 pero no podrá ser.[15] Millones podrán, si Cristo tarda en volver, pero yo no podré. Yo creo que los próximos cincuenta años serán los más dramáticos de la historia de la humanidad. Algunos hechos que sacudirán al mundo ya están proyectando sus sombras.

---

[15] Téngase en cuenta que el autor falleció en 1986, a la edad de noventa y siete años.

Movimientos colosales han aparecido. Unos para bien, otros para mal. La raza humana encara su propia destrucción. Han de surgir los juicios cataclísmicos. La revolución, con todos sus horrores, vuelve a alzar la cabeza amenazante. La Cortina de Hierro esconde una esclavitud peor que la muerte. Toda la creación gime. Los dolores de parto de una nueva era se sienten por el mundo. Una vez más se presienten anuncios: «La venida del Señor se acerca» (Santiago 5.8).

Importancia de la evangelización

Yo no soy un evangelista profesional, pero he hecho obra evangelística y sé que la única esperanza en nuestros días es una nueva manifestación del poder de Dios. He estado en países donde pude ver la operación de ese poder y creo que lo podremos tener aquí. La evangelización es la orden del día, la necesidad de la hora. Sin avivamiento, la vida, tal cual la conocemos hoy, no tiene sentido. Debemos evangelizar o fosilizarnos.

Todos tenemos diferencias, pero en un aspecto todos podemos estar unidos, y ese aspecto es el de la evangelización. Si en ninguna otra actividad podemos unirnos, deberíamos trabajar juntos, ganando hombres y mujeres para el Señor Jesucristo. Pastores y laicos de todas las denominaciones deberían unirse en esto. Hay pastores que se sienten capacitados para hacer ellos mismos la obra de evangelización de manera que no quieren traer a sus iglesias a evangelistas especializados. Sea dicho —y baso esto en mis cuarenta años de ministerio, la mayoría de los cuales fueron de pastor—, que el éxito de mi labor en gran parte dependió de mi tarea evangelística. El pastor de una iglesia puede ser un gran predicador, amado por su congregación, pero aún así su voz puede hacerse cansadora. Siempre he sentido placer al invitar a otros a ocupar mi púlpito, porque es imperativo que oigan nuevas voces. Un evangelista puede hacer una obra que yo como pastor no puedo realizar, y luego, cuando yo vuelvo a predicar, mi voz tiene nuevos tonos y mi congregación no se siente cansada. Después de un período, y cuando creo conveniente un alto, invito a un evangelista que nos dejará con nuevos amigos, la mayoría de los cuales quedarán con nosotros después que él se haya ido.

La primera campaña que realicé en Toronto duró seis meses, sin interrupción, los sábados inclusive y con dos o tres reuniones cada domingo. Yo dirigí la campaña y presidí todas las reuniones. Pero durante esos seis meses hubo una docena o más de diferentes evangelistas, uno detrás del otro, para predicar. Así siempre había una novedad en cuanto al predicador y la gente podía esperar con gusto una nueva voz. Las muchedumbres crecían de semana en semana. El interés era intenso y antes de terminar, cientos de almas habían sido ganadas y la obra fortalecida. Cada campaña pagaba con creces sus propios gastos; porque yo siempre cuidé que una buena cantidad quedara en la tesorería, al concluir la tarea.

A través de los años he tenido dos, tres y hasta a veces media docena de campañas, y adicionalmente muchas otras conferencias de un tipo u otro. Todo esto ha estimulado la vida espiritual de los creyentes, provocado nuevos intereses y entusiasmo, y consolidado la labor. Entre una y otra campaña seguí predicando y cuando la obra se afianzó y la congregación se hizo más grande, continué predicando, pero nunca creí que sólo podía hacer la obra. Y hasta hoy, aún invito a oradores para las campañas de evangelización.

Dificultades de la evangelización

Hubo un tiempo en la obra de evangelismo y avivamiento —y no hace mucho de esto— cuando todas las iglesias de una ciudad determinada cerraban sus puertas y cooperaban entre sí.[16] No nos sorprende, pues, que hombres como Billy Sunday atrajeran a tan grandes muchedumbres. Durante años él se negó a viajar a cualquier ciudad donde no se pusieran de acuerdo todas las iglesias para cerrar sus puertas y unirse en campaña. Consecuentemente, los coros y conjuntos musicales de todas las iglesias se veían sobre la plataforma, y más importante aún, todos sus pastores. Y como las iglesias permanecían cerradas y los creyentes no tenían dónde ir, todos concurrían a la carpa, que se llenaba a desbordar, y ahí se encontraban con sus pastores, lo que los inspiraba a ofrendar, orar y contribuir de cualquier manera posible con tal de que la campaña fuera un éxito. Este es un método ideal para ganar almas para Cristo.

Sin embargo, hoy parece casi imposible hacer que todos los pastores e iglesias de una misma ciudad puedan cooperar. Somos afortunados si logramos que algunas iglesias de las más abiertas cierren sus puertas para estos esfuerzos, ya que entre las que son más cerradas hay tan-

---

[16] Las iglesias suspendían sus actividades para realizar una campaña evangelística unida por un tiempo determinado, luego de la cual cada una volvía a sus actividades habituales.

tas diferencias entre ellas mismas que cualquier cooperación se hace prácticamente imposible. Lo cierto es que cualquier ciudad o pueblo podría llegar a ser movido por Dios y tener un gran avivamiento de sus iglesias, si hubiera tal deseo de unirse —con pastores de todas las denominaciones— para alcanzar a las masas y ganar almas para Cristo.

Algunas veces se objeta que necesitamos mayor enseñanza bíblica, más conferencias sobre la Biblia, darle más atención al estudio de la Palabra. El evangelismo, dicen, no consolida ni enseña. En esto no estamos de acuerdo. He estudiado la historia de los avivamientos y del evangelismo a través de los siglos, y he descubierto que hay más enseñanza, más victorias espirituales y más personas se inspiran a estudiar la Palabra de Dios durante esos esfuerzos, que en cualquier otra época.

Cuando opera el Espíritu Santo, naturalmente la gente se torna a la Biblia y a su estudio. Surgen los estudios bíblicos. Se instruye en la obra personal. Los nuevos convertidos testifican y oran en público, y como resultado hay un conocimiento mucho más hondo de la Biblia. La enseñanza bíblica sin evangelización traerá estancamiento, pero el evangelismo siempre produce estudio bíblico y será de bendición e inspiración.

Permítaseme decir que la faz más importante es la continuación del trabajo, una vez que el evangelista se ha ido. El evangelista es como el médico: hace posible que el bebé nazca, pero nadie esperaría que él se quedara para cuidarlo. Esta es la tarea de los padres. La responsabilidad del médico queda salvada ante un desarrollo impropio en la vida posterior, así como si las cosas no marcharan bien después del avivamiento, sería injusto juzgar al evangelista. Esa es tarea de los otros: el pastor, los maestros de la escuela dominical, los líderes del trabajo juvenil. Si se organizan clases para los nuevos convertidos, éstos pueden pronto afianzarse en las doctrinas fundamentales de la fe para que permanezcan fieles y activos, volviéndose seguidores leales del Señor Jesucristo.

La clase de evangelismo que necesitamos hoy es la que apoyará al pastor, y en toda forma lo ayudará e inspirará. Error trágico del evangelista será criticar al pastor en presencia de la congregación. Bastantes problemas tiene ya de cualquier manera y necesita ser animado. El evangelista hará todo cuanto esté de su parte para ayudarlo. Debe ser honrado ante su pueblo. Es esa la razón por la que creo que después de un tiempo todo evangelista debería ocupar un puesto de pastor, para comprender sus problemas y poder ayudarlo. La razón porque muchas congregaciones se hayan mostrado en contra del evangelismo, es que algunos evangelistas no han simpatizado con el pastor en su situación difícil.

Por haber sido pastor y evangelista, sé perfectamente cuánto más difícil es la tarea de pastor en comparación con la del evangelista. Éste enfrenta problemas por breve espacio de tiempo, y luego se va. Pero el pastor continúa con ellos. A veces salgo a realizar campañas fuera de mi iglesia para olvidar por un tiempo los problemas del pastorado. Los evangelistas harán bien en adoptar una actitud correcta hacia los pastores con quienes trabajan.

Necesidad de la evangelización

¿Nos damos cuenta de que los grandes evangelistas mundiales ya han muerto? Dwight L. Moody se ha ido; Ruben A. Torrey no está ya aquí; J. Wilbur Chapman nos ha dejado; Billy Sunday ha concluido su tarea, y además mi muy querido amigo, el mundialmente famoso Gipsy Smith, se ha ido también y, triste es decirlo, se vislumbran pocos en el horizonte capaces de llenar sus lugares. La razón es porque nuestros seminarios e institutos bíblicos no preparan evangelistas. Preparan pastores pero no evangelistas. ¿Cuántos de ellos están estudiando la historia de la evangelización y los avivamientos? ¿Cuántos estudian la vida y los métodos de esos hombres del pasado? ¿Cuántos de ellos enseñan a sus alumnos cómo conducir campañas?

En una época las grandes denominaciones del Canadá, por ejemplo, empleaban evangelistas. Bien nos acordamos cuando Crossley y Hunter, que trabajaron juntos por un cuarto de siglo, recorrieron Canadá como evangelistas oficiales de la Iglesia Metodista de Canadá. Lo recuerdo porque asistí a sus reuniones. Ahora ellos han muerto y no creo que ninguna de las grandes denominaciones en Canadá hagan ese tipo de obra. Se usan otros métodos y como resultado los bancos están vacíos. Se han unido congregaciones y muy pocos jóvenes se han convertido o atraído a la iglesia. Lo que Canadá necesita hoy más que nunca, y lo que cada denominación necesita más que nunca, es un ejército de evangelistas que viajen por toda esta tierra, de iglesia en iglesia, de ciudad en ciudad, llamando a la gente a que retorne a Dios.

Hay una gran diferencia entre evangelismo y avivamiento. Una campaña de evangelización puede transformarse en avivamiento, pero una campaña de evangelización no es en sí un avivamiento. Yo sé que es costumbre en los estados sureños que los evangelistas hablen de avivamiento, cuando en realidad lo que están queriendo significar es una campaña de evangelización, que en la mayoría de los casos comienza y finaliza sin llegar a ser un avivamiento.

Agradezco a Dios por cada campaña de evangelización que se realiza, particularmente si los aspectos *mercantilistas* están ausentes. Conozco el daño que se ha provocado, en ocasiones, por el énfasis exagerado en las finanzas, especialmente cuando se recogen las ofrendas. Desearía que llegara el día cuando los evangelistas, al igual que los pastores, reciban un salario de sus organizaciones, de manera que cada quien pudiera saber exactamente cuánto recibe y acabar de esta manera con las acusaciones de que están lucrando con la religión. Resulta siempre difícil entender por qué un evangelista necesita más que un pastor, y en la mayoría de los casos, mucho más. Por cierto, si nuestros pastores más conocidos pueden vivir con salarios que oscilan entre cinco a diez mil dólares anuales, un evangelista no debería requerir más. Temo que el mundo tenga en gran parte razón por sus críticas. Y también las denominaciones mismas pasan vergüenza, porque si estuvieran valiéndose de evangelistas pagos no serían necesarios los evangelistas independientes. Cada denominación debería contar con evangelistas. Ellos deberían recibir su salario de su organización, y todas la ofrendas, una vez pagados los gastos, deberían volver a la caja central. Quizás este sea la única solución al problema.

Soy consciente de que el dinero para la Obra suele usarse sabiamente en la mayoría de los casos, pero aún así no estamos exentos de críticas. Pero la cuestión es que el evangelista recibe el dinero —no importa lo que haga con él—, y dado el hecho que Estados Unidos es la nación

136

más rica del planeta, no se puede evitar la suspicacia de que pudiere estar explotando a la gente. Por su propio prestigio, así como por el testimonio en sí, sería infinitamente mejor, como lo vengo diciendo, si recibiera un salario, y que éste fuera equiparable al del pastor. Esto evitaría seguramente tantas críticas.

Yo no hago apelaciones para mi propio sostenimiento; prefiero en cambio dejarle a la gente con la que trabajo que contribuya con lo que Dios haya puesto en su corazón. Nunca he puesto precio a mi ministerio. En ocasiones he recibido poco o nada, ni siquiera para cubrir los gastos. En otras ocasiones me han dado más de lo que merezco. Cuando estuve por varios meses de campañas en Nueva Zelanda, Australia, Jamaica y Gran Bretaña, las ofrendas que recibí para las misiones ascendieron a 10.000 dólares y nunca tomé una ofrenda para mí personalmente. Pero yo me sentía más que satisfecho que Dios hubiera tenido por bien utilizarme para su gloria, y jamás me he sentido defraudado por Él. No me gustan las ofrendas de amor, ellas me hacen sentir incómodo. Preferiría que el comité organizador acordara un honorario nominal que fuera incluido en el presupuesto. Creo que nunca acabaremos con la evangelización *mercantilista* hasta que no terminemos con las ofrendas de amor.

Debemos casi todo lo que tenemos a las actividades evangelísticas. La gran mayoría de los que se convirtieron tuvieron esa experiencia en campañas de evangelización o durante períodos de avivamiento. Diría que el sesenta por ciento, al menos, han sido ganados para Cristo por medio de reuniones especiales. Una y otra vez he pedido que lo muestren levantando las manos y el resultado ha sido siempre similar. Quisiera saber qué será de nuestras iglesias si a la muerte de los creyentes actuales no se ganaron nuevos convertidos mediante campañas. En Inglaterra, la juventud, en la mayoría de los casos, ha desaparecido. La iglesia los ha perdido y los cristianos mayores se preguntan quiénes tomarán sus lugares cuando ellos hayan desaparecido. La evangelización es la única solución. El avivamiento es un imperativo.

Resultados de la evangelización

Como yo lo he dicho a través de los años, me he especializado en evangelismo y misiones. En los primeros tiempos teníamos aproximadamente quinientos convertidos al año. Los espiritualmente recién nacidos llenaron en poco tiempo nuestros bancos, con el resultado de que los creyentes ya desarrollados tenían que venir más temprano para poder asegurarse un lugar. Por años no hicimos propaganda por la prensa, porque la multitud de asistentes era demasiado grande. El mismo jefe de bomberos me escribió para que redujera el número de asistentes por el peligro de incendios. Leí esa carta al público un día que estaban apretados, unos dos mil presentes, algunos parados contra las paredes, otros sentados en los escalones, después que muchos se fueron sin hallar lugar, y el resultado fue que un número mayor trató de venir a la siguiente reunión.

Teníamos un órgano grande, eléctrico, que ocupaba la parte entera, detrás de la galería, y cuando nuestra congregación vio que cientos de personas no podían entrar, semana tras semana, empezaron a orar que Dios les enviara a alguien que quisiera comprar el órgano, para que así se pudiera levantar en ese lugar una nueva galería para poder acomodar a más personas. Después de pocos meses, Dios oyó y hoy el órgano está en otra gran iglesia en Toronto. En su lugar edificamos una nueva galería, sobre la vieja, y la noche que la inauguramos se llenó, con muchos además en los pasillos, y hasta hoy, fuera de los meses de calor y de vacaciones, se ha llenado y cientos han venido para comenzar el camino de salvación.

La policía me habló, en varias ocasiones, justo antes de empezar las reuniones, insistiendo que debía reducir el número de asistentes, negándome la autorización de que tantos permaneciesen de pie. Lo único que yo podía hacer, como ya lo mencioné, fue dejar de hacer la propaganda por los periódicos y, sin embargo, por años he continuado predicando a dos mil personas cada domingo de noche.

El evangelismo llenará cualquier iglesia. Lo he comprobado una y otra vez, y la llenará semana tras semana y año tras año. Nunca olvidaré la campaña que presidí en la famosa iglesia de la calle Park, en Boston. No sólo se llenó la capacidad sino muchos se vieron obligados a estar de pie, y al fin de las dos semanas, más de doscientos habían tomado la gran decisión. La iglesia estaba revolucionada. Y desde entonces, no fue nunca más como antes. Dios obró maravillosamente, y lo que el evangelismo hizo para esa iglesia lo puede hacer por cualquier otra. Su propio pastor, el doctor Haroldo Juan Ockenga, su destacado pastor, me acompaña en esta aseveración.

Las campañas más grandes de mi vida fueron las realizadas en Australia y Nueva Zelanda. Muchas veces era imposible hallar lugares suficientemente grandes para poder acomodar la multitud. Yo trabajé solo, pero en todo Dios estaba detrás. Los resultados se publicaron una y otra vez. Extractos de ellos aparecieron en mi libro: *What Hath God Wrought?* [*¿Qué ha hecho Dios?*]. La gente en Australia y Nueva Zelanda nunca olvidará las campañas de 1938. Yo había sido atacado de malaria y, sin embargo, a pesar de la gran debilidad, Dios hizo su obra. Fui un milagro de principio a fin. Por lo menos un millar encontraron a Cristo y mucho antes de concluir la campaña los mismos convertidos se habían vuelto mis propios colaboradores personales. Jamás podré olvidar esa experiencia. Más de una vez me invitaron a volver, pero no lo he podido hacer.

Quizá una de las campañas más destacadas, que casi se tornara en un avivamiento, fue la realizada en enero de 1948 en la isla de Jamaica. Mi esposa y yo —juntamente con mi hijo, que es predicador, y su esposa— realizamos la campaña. Por las tardes celebramos las reuniones en el Teatro Ward, el local más amplio de Jamaica, que tenía dos grandes galerías, que se llenaron, habiendo muchos de pie. De noche usamos un estadio. El organizador de la campaña, el hermano E. Clark, planificó para una asistencia de cinco mil. Las primeras noches asistieron cuatro mil, pero el resto de la primera semana, la asistencia subió a seis mil. Durante la segunda semana, cada noche se alcanzó la cifra de quince mil, aunque algunos creen que habría hasta veinte mil presentes.

Más de un centenar aceptó el llamado cada noche. La última noche conté yo cuatrocientas ochenta personas que se acercaron al altar. Quizá unos dos mil hicieron su decisión durante el transcurso de las dos semanas. Había hambre por el mensaje, como muy pocas veces he visto. La gente estaba en el local una hora antes de empezar las reuniones. Después que los convertidos pasaban adelante al terminar las reuniones, debíamos empezar la obra personal con ellos. Jamaica nunca había presenciado tales muchedumbres, para ningún propósito, fuese político o religioso, y nadie que haya asistido podrá olvidar la emoción y la bendición de esos días.

Gozo de la evangelización

Después de hablar a un grupo de pastores en Sidney, Australia, acerca del evangelismo, noté a uno de cara entristecida acercarse adonde yo me encontraba y lo esperé, preguntándome qué le pasaría. Se quedó por un instante sin decir nada y, según puedo recordarlo luego, me habló más o menos como sigue:

—Doctor Smith, ¿cree usted, en verdad, en lo que dice?

—¿Por qué? —le pregunté—. ¿Qué significa esa pregunta?

—Quiero decir —dijo con énfasis—, si usted cree que es posible hacer lo que usted dice.

—¿Qué quiere decir usted con ello? —volví a preguntar.

—¿Cree usted que es posible para un pastor de mi denominación hacer una invitación? —y al decir esto daba énfasis al nombre de su denominación.

—Bueno —respondí yo—, yo mismo soy pastor de esa denominación y he hecho la invitación, viendo a cientos de hombres y mujeres venir al altar aceptando a Jesucristo como su Salvador.

—Pero bien sabe usted —replicó— que esto no se hace en nuestra iglesia.

—Lo sé —dije yo—, sin embargo no veo por qué un pastor de nuestra denominación no pueda extender la invitación.

Con rostro entristecido se alejó y, al rato, yo ya me había olvidado de todo el incidente. El siguiente lunes de noche, sin embargo, celebraba las reuniones habituales en el salón de actos de la iglesia aludida y en el momento que iba a subir al púlpito noté un movimiento de gente en la puerta. Me detuve observando qué sería aquello. Luego vi a nuestro amigo pastor, tratando de abrirse paso y me di cuenta que quería acercarse a mí, así que lo esperé. Vi que venía acompañado de dos jóvenes señoritas del brazo, una a su derecha y otra a su izquierda, procurando abrirse paso en medio de la multitud.

Al fin estuvo cerca de mí y yo pude notar su rostro resplandeciente mientras decía:

—¡Da resultado! ¡Da resultado!

Yo no entendía lo que quería decir. Cuando lo tuve a mi lado, le pregunté:

—¿Qué da resultado?

—Pero —exclamó—, ¡lo que usted me dijo el sábado pasado! Por primera vez el domingo extendí la invitación, hice el llamado y mire lo que resultó —mientras puso a las dos jóvenes frente a mí.

Les hablé y me percaté que habían experimentado una profunda conversión. Me acordé del incidente del sábado y empecé a sentir que algo en verdad había ocurrido.

Con temor y temblor, la noche anterior él había extendido la invitación y dos manos se habían levantado. No sabía casi qué hacer, pero le pidió a esas personas que se parasen. No muy seguro de cómo continuar, se acordó que yo los invitaba a ir a un cuarto aparte para conversar y él hizo lo mismo. Sin vacilación, ellas pasaron. No tenía colaboradores, así que él mismo fue, les habló y ellas tuvieron la experiencia de la salvación. ¡Qué cambio! Volvió ese pastor a su tarea para realizar la obra que había dejado de hacer en todo su ministerio. Volvió a dar a las personas a quienes les predicaba la oportunidad de aceptar a Jesucristo en vez de conformarse con la bendición al finalizar el culto. Todo su ministerio se revolucionó. Empezó a experimentar algo del gozo de la evangelización y por experiencia supo que un pastor, aun de su denominación, puede también extender la invitación o el llamado.

Sugiero a mis amigos que cada uno aplique para sí el mandato: «Ve y haz tú lo mismo» (Lucas 10.37).

CAPÍTULO **11**

Dios manifiesta su poder en los avivamientos

Los DÍAS DE LA IGLESIA primitiva eran días de avivamiento. Nada sino el avivamiento resolverá los problemas del día de hoy. Más aún, de hecho se duda si habría iglesia a no ser por los avivamientos. En la redondez del orbe hay quienes están clamando a Dios por otra manifestación portentosa de su poder. ¿Serán esas oraciones respondidas? ¿Vendrá el avivamiento? Si eso ocurre, ¿cómo será? ¿Cuánto costará? ¿Podemos hacer algo para que venga? ¿Podrá la oración del Salmo 85.6 ser realidad ahora, hoy? «¿No nos avivarás otra vez para que tu pueblo pueda regocijarse en ti?» Nuestros ojos están en Dios. Él sólo puede reavivar a su pueblo y cuando lo haga habrá tal gozo como la iglesia no lo ha conocido por largo tiempo.

¿Cuándo necesitamos un avivamiento?

Preguntémonos y tratemos de responder a algunas preguntas importantes. Primero, ¿cuándo necesitamos un avivamiento? —o para hacerlo más personal—, ¿cuándo tú y yo necesitamos un avivamiento?

145

Cuando hemos perdido nuestro primer amor, es cuando necesitamos el avivamiento. ¿Te acuerdas, amigo, cuando recién fuiste salvo? ¿Recuerdas tu amor por las almas, la realidad de la presencia de Dios en tu vida? ¿Recuerdas el gozo que tenías al orar, al testificar, al entonar los himnos de tu fe? ¿Recuerdas el placer al repartir folletos y, en especial, cuando podías guiar a otros a Cristo? ¡Con qué ansias trabajabas entonces y qué deleite te traía hacer algo por Jesús! ¡Cómo te gustaba leer la Palabra! Pero, ¿y ahora, hoy? ¿No sientes ese gozo? ¿Se ha apartado de tu corazón el gozo del Señor? ¿Te has descuidado en lo que tiene que ver con su Palabra y la oración? ¿Ha muerto aquel «primer amor» y hoy todo es trivial? Si es así, mi amigo, ¡tú necesitas un avivamiento!

Cuando hemos perdido nuestro interés, amor y preocupación por las almas, entonces también necesitamos un avivamiento. ¿Es posible que te halles en camino al cielo mientras tus seres queridos se pierden? ¿Es verdad que no sientes esa carga, que tus ojos están secos y que sigues contento y feliz, despreocupado, sabiendo que tú irás al cielo, mientras ellos al infierno? ¿Qué de nuestro padre y madre, qué de nuestros hijos e hijas, nuestros esposos y esposas? Siendo salvos nosotros y ellos perdidos, ¿no sentimos ninguna carga?

Si yo supiera que un hijo o hija mía no conoce la salvación, no sé si sentiría deseos de comer o dormir. Me parece que querría quedarme en medio de la noche despierto, en agonía, en la presencia de Dios, intercediendo por ellos. Me tomaría de los cuernos del altar, sin soltarlos, hasta que se salvasen. Mis ojos estarían llenos de lágrimas y mi corazón de dolor. No podría descansar hasta que ellos hicieran su decisión. ¿Cómo podría yo ver roto el círculo familiar? Está en la Palabra de Dios: «Serás salvado tú y tu casa» (Hechos 16.31). Yo creo en ello. Lo quiero para mí. Quiero que se convierta cada miembro de mi familia. No podría soportarlo si fuese de otra manera.

Nuestro hijo mayor fue salvo a los nueve años de edad. Su madre y yo lo guiamos a Cristo. Nunca me olvidaré cómo lloró convicto de su pecado, delante de Dios, después de uno de mis mensajes y cómo al llegar a casa con los ojos enrojecidos por el llanto, vino a nosotros para decirnos que quería ser salvo. Fue salvado al lado de su cama. Hoy está cursando Medicina, leal y fiel a su Señor.

Mi hija se salvó a los diez años de edad. También fue llevada a Cristo mientras su madre y yo, de rodillas junto a su cama, le hicimos sentir la necesidad de la salvación. Hoy tiene dos hijos y continúa fiel al Señor.

Mi hijo más joven que hoy es evangelista bautista, se convirtió cuando escasamente tenía cinco años de edad. Predicaba en Massey Hall, Toronto, a más de mil cuatrocientas personas, cuando hice la invitación. Vi a mi propio hijito de cinco años pasar adelante confiadamente, con expresión de determinación y, al arrodillarse en el altar, el Señor Jesús vino a su corazón.

No me es posible concebir cómo un pastor puede satisfacerse con predicar, pronunciar la bendición e irse, sin dar a la gente que lo escuchó la oportunidad de aceptar a Cristo como su Salvador personal allí, en ese momento. ¿Cómo puede un pastor continuar semana tras semana sin que nadie exprese ese deseo? Un abogado busca siempre el veredicto, así debe ser el pastor y si no lo está haciendo, algo anda mal, porque Dios ha prometido el fruto, y el privilegio del hombre es sembrar y recoger.

Durante todo mi ministerio he hecho el llamado. Domingo tras domingo lo he hecho y pocas veces he sido defraudado. Si nadie pasaba sentía deseos de ir a mi estudio, inclinarme hasta el polvo y clamar a Dios: «¿Qué es lo que está mal en mí? ¿Qué ha ocurrido? ¿Por qué no pasaron almas esta noche?» Yo mismo me culparía. A veces, cuando las situaciones eran difíciles, he podido ver a todos mis colaboradores esparcidos por la iglesia, con las cabezas inclinadas, gimiendo, implorando, hasta que se notaba un cambio. Pude ver entonces sus rostros iluminarse en el gozo del Señor mientras se preparaban para ir al lugar aparte a tratar con los que estaban interesados. Se anticipaban a los resultados y no eran defraudados. Casi cada domingo, a veces no muchos, pero siempre algunos, han pasado. Y en algunas raras ocasiones, cuando no había ninguno, más tarde vendrían. «Conforme a vuestra fe os sea hecho» (Mateo 9.29). Creamos en los resultados y los obtendremos. Si haces el llamado con fe, Dios obrará. Desde el momento que anuncio mi texto bíblico, espero confiadamente que cuando haga la invitación al final, algunos responderán.

Mi amigo, si no tienes esta carga por las almas, déjame que te lo vuelva a decir: ¡necesitas un avivamiento! Si estás satisfecho de continuar año tras año sin resultados, recuérdalo: algo está mal. Mejor que vuelvas a arrodillarte y confesarte, penitentemente delante de Dios, hasta que Él abra los canales del cielo, envíe un avivamiento a tu propio corazón para que después de haberte encendido a tí, tú puedas encender el fuego del avivamiento en otros, hasta que toda tu iglesia esté ardiendo en Dios.

¿Qué ocurrirá?

Llegamos ahora a la segunda pregunta: ¿qué ocurrirá cuando venga el avivamiento?

Hay muchos pastores, obreros cristianos e iglesias que no quieren un avivamiento. Tienen temor de lo que pueda ocurrir. Tienen temor del fanatismo. Aborrecen las interrupciones. Prefieren un orden de culto planeado cuidadosamente, y que se desarrolle con dignidad escrupulosa de principio al fin. No han leído lo suficiente sobre los avivamientos como para saber que cuando éstos surgen Dios entra en la escena, y cuando Dios interviene, siempre habrá interrupciones.

El libro de los Hechos de los Apóstoles es un libro de interrupciones. Siempre había conmociones de una u otra clase. Nada se realizaba como se había planeado. Pedro, Pablo y hasta Felipe experimentaron tales conmociones, tales experiencias, tales milagros, que no estaban seguros de qué ocurriría paso a paso. En el avivamiento surgirán las interrupciones.

El avivamiento es en primer lugar para el pueblo de Dios. No es para los que no conocen la salvación, si bien nunca ha habido un avivamiento verdadero que no haya atraído a los inconversos a Cristo. Sin embargo, el avivamiento tiene principalmente que ver con la iglesia y el pueblo de Dios.

No se puede reavivar un fuego cuando se ha apagado.

Debe haber, por lo menos, una chispa que al soplarla pueda reencender el fuego, pero si esa última chispa ha muerto, no hay esperanzas. Hay que empezar un nuevo fuego. Así ocurre con el avivamiento: debe haber algo que reavivar. Los muertos no pueden reavivarse; necesitan resucitar. Pero el cristiano que vive, puede reavivarse; por lo tanto, el avivamiento empieza con el pueblo de Dios.

Pero en no mucho tiempo, si la gente de Dios arde, los hijos de Satanás se reunirán alrededor de ese fuego. Nada atrae tanto como el fuego. De todas partes la gente viene a ver un incendio. Así es con el avivamiento. Cuando la iglesia arda verdaderamente, el mundo la verá y será atraído a ella por el fuego. Así que el avivamiento, aunque tenga que ver primeramente con los cristianos, traerá resultados en la salvación de las almas. El salmista clamaba: «¿No volverás a darnos vida?» (Salmo 85.6); aquí el énfasis no se refiere a nadie más que al pueblo de Dios.

Salvación

Las almas, digo, se salvarán. Habrá convicción real, genuina, como en tiempos antiguos, la convicción de pecado que trae el Espíritu Santo. El pecado se considerará algo terrible, feo, espantoso. ¡Si volviera esa convicción! ¡Qué livianamente miramos hoy al pecado! ¡Qué terrible es a la vista de Dios! Necesitamos avivamiento para traer el sentido de la horrible realidad del pecado. Y así habrá convicción y salvación de almas.

Hace un instante mencioné el poder de Dios, porque eso es lo que es un avivamiento: la manifestación del poder de Dios. «Ignorando [...] el poder de Dios» (Mateo 22.25) es una de las frases más estremecedoras de la Biblia. ¡Cuán ciertas son hoy día! ¡Cuán poco conocemos su poder! «El poder del Señor estaba con él» (Lucas 5.17) es otra gran declaración. ¿Cuando pudimos decir al finalizar un culto que: «El poder de Dios estaba con él». Nuestros servicios suelen ser fríos, formales, comunes y corrientes, que no hay evidencia de la presencia de Dios. «Estaban todos maravillados» (Lucas 4.36). ¿Cuándo —vuelvo a preguntar— estuvimos maravillados por la presencia de Dios? ¿Qué ocurre en nuestros cultos como para que nos maravillemos? ¿Cuándo fue la última vez que experimentamos una manifestación del poder de Dios? ¿Nos quedamos maravillados alguna vez? ¿Conocemos algo de esa experiencia, o será que lo que experimentó la Iglesia Primitiva nos es completamente desconocido a nosotros?

¿Sabemos que cuando hay en marcha un avivamiento, la misma atmósfera de la comunidad parece cargada con la presencia de Dios? Fue así una vez en Kentucky, con los que se acercaban al lugar de reunión. Al llegar a cierta distancia había una extraña, misteriosa atmósfera, difícil de explicar, excepto que fuera por la conciencia de la presencia de Dios. Se tenía ese sentimiento antes de entrar al local y los extraños al llegar más cerca, tenían conciencia de una creciente realidad de la presencia de Dios. Sabían que Dios estaba allí.

Juicio

Cuando hay un avivamiento, hay a la vez juicio y salvación. Leamos, si queremos, las historias de los avivamientos. Descubriremos que cuando la gente se opone más a Dios y a la obra del Espíritu de Cristo en su comunidad, Dios los acosa con juicio y muerte a veces,

como en el caso de Ananías y Safira (Hechos 5.1-11).
Carlos G. Finney tuvo esa experiencia una y otra vez.
Dios se manifiesta en los avivamientos en juicio y salvación; sabe cómo obrar con los que se le oponen y usa a algunos como ejemplo. Wesley podía dar testimonio de esta realidad. Los hombres caían delante de sus propios ojos y más de uno era juzgado allí mismo. Es peligroso jugar con Dios o con su obra durante los avivamientos. A los ateos de pronto se les llama a juicio, como prevención para los otros. Dios vive y en las épocas del avivamiento el pueblo lo sabe.

Recuerdo el relato del reverendo F. Clark, durante una campaña realizada en Toronto. Contó de un tabernero que se oponía abiertamente al avivamiento, más que nada porque sus parroquianos estaban abandonándole. Un día el tabernero resolvió volver a atraer a su clientela denunciando al evangelista. Esa noche asistió a la reunión. El predicador había luchado desesperadamente por hallar un texto sobre el que hablar, pero el único que parecía que Dios le daba, era: «Ordena tu casa, porque vas a morir, ya no vivirás» (2 Reyes 20.1). Una y otra vez trató de desecharlo de su mente, y buscar otro, pero no podía. Al fin resolvió usarlo. Cuando en la noche vino el momento de predicar, anunció el texto, y al hacerlo, el tabernero saltó sobre sus pies, y lanzó tal serie de improperios que dejó petrificada a la congregación. De pronto se calló, como si le faltara la respiración. Luego empezó a toser, le salió sangre de la boca y cayó muerto. Tan manifiesto era el poder de Dios aquella noche y su juicio tan notable, que casi todos los inconversos buscaron al Salvador. Así, en los días de avivamiento, Dios usa tanto el juicio como la salvación para manifestarse.

Expansión

Déjenme decir ahora que cuando llega el avivamiento, se logra más en pocas semanas que lo que se logra en años a través del trabajo corriente de la iglesia. Es decir, Dios puede hacer más entonces, y tres o cuatro ejemplos han de comprobarlo. Al celebrar una campaña general en Inglaterra, después de predicar en las grandes ciudades de Inglaterra, Irlanda y Escocia, fui a Gales y estaba en especial interesado en ese lugar, porque me recordaba el avivamiento de 1904. Estudiaba en esa época en la Universidad de Manitoba, Winnipeg, pero los ecos de aquel poderoso avivamiento fueron llevados a través del Atlántico y mi alma joven ardió una y otra vez al oír y leer lo que Dios estaba haciendo. Fui a visitar a Evan Roberts, el predicador usado por Dios para ese avivamiento: vive humildemente, cerca de Cardiff y pasa la mayor parte de su tiempo leyendo. Parecía que Dios lo escogió, como rara vez usa a alguien, por unos años y luego le apartó por el resto de su vida. Su nombre es conocido por millones. Hoy es anciano y pocas veces se le ve o se le oye. No hace mucho, me escribió una carta, de su puño y letra. ¡Cómo me gocé yo en su ministerio de 1904!

Descubrí que en cinco semanas se habían convertido y unido a la iglesia veinte mil personas. ¿Podría alguno decirme dónde en Estados Unidos, Canadá o Gran Bretaña podrían los pastores de todas las iglesias ganar y unir a 20.000 personas en ese lapso? Sabemos que nunca sucedió y que a través de los medios comunes de la obra de la iglesia no se hará, pero eso fue lo que sucedió allí.

¿Cuántos eran los miembros de iglesias en los Estados Unidos cuando Carlos G. Finney comenzó su gran avivamiento? Doscientos mil. Pensemos en ello: en toda esa nación sólo ese número. ¿Cuántos había cuando unos pocos años después terminó su tarea? Más de tres millones. Sí, por su ministerio tres millones de almas. ¡Qué milagro! ¿Habría un lugar donde esos resultados podrían producirse? ¿No es cierto, entonces, que Dios hace más en pocas semanas de avivamiento que en años a través de los medios comunes?

Cuando Finney realizó su campaña en Rochester, Nueva York, se estima que cien mil personas se unieron a la iglesia. Como resultado de una campaña que se tornó en un avivamiento, cien mil personas aceptaron a Cristo y se unieron a las iglesias en ese lugar. ¿Podrían producirse tales resultados sin avivamiento?

Cuando los primeros metodistas vinieron a los Estados Unidos y Canadá no vinieron como pastores, vinieron como evangelistas, y dondequiera que fueron encendieron los fuegos del avivamiento. El resultado de diez millones de metodistas en los Estados Unidos hoy, es primordialmente el fruto de aquel avivamiento. El metodismo nació en un avivamiento y mientras se sostuvieron avivamientos metodistas, las almas se salvaban por miles. Eso es lo que Dios hace cuando hay avivamiento.

Resultados perdurables
de la evangelización y el avivamiento

En TODAS PARTES se oye la pregunta: «¿Permanecen los resultados?» En verdad, esa es una de las mayores objeciones a esta tarea. Se tiene la idea de que estos resultados no son permanentes. Muchos pastores creen que su propia obra está llamada a tener más efecto que la de un evangelista traído de afuera. Creen que los resultados no valen la pena porque no duran. Este cuestionamiento demanda una respuesta.

Puedo afirmar que todos los resultados visibles no fueron permanentes en los días de Cristo, y si algunos de sus resultados no lo fueron ¿por qué esperar que los nuestros lo sean? ¿Recordamos las palabras: «Desde entonces muchos de sus discípulos volvieron atrás y ya no andaban con él»? (Juan 6.66). Hubo muchos en sus días que eran sus pretendidos seguidores, pero sus corazones nunca habían cambiado. Parecían sinceros. Eran el resultado de su ministerio, pero no duraron. Cuando se dieron cuenta de las dificultades que tendrían que afrontar y los problemas del camino, lo abandonaron. En otras palabras, se volvieron atrás. Lo dejaron y «ya no andaban más con él». No hay nada inusual en eso; hasta es de esperar que eso ocurra. Siempre habrá multitudes de profesantes que nunca han nacido de nuevo. ¿Nos extraña, entonces, que muchos de los resultados visibles de nuestros días no sean auténticos? ¿Qué más podemos esperar? ¿Pretendemos ser mejores que nuestro Señor, y que nuestra labor sea más efectiva?

Verdadero y falso

El enemigo siembra siempre cizaña entre el trigo. Existen hijos de Satanás tanto como hijos de Dios, y se les halla en la iglesia visible. Es casi imposible distinguirlos. Se parecen mucho entre sí. Actúan de la misma manera, hablan de la misma manera, y muchos se engañan. Es la tarea de Satanás sembrar cizaña y en todo esfuerzo evangelístico el enemigo lo hace.

Se nos dijo que sólo un cuarto de la semilla sembrada caería en buena tierra. Así lo expresó nuestro Señor.[17] ¿No podemos sentir satisfacción si un cuarto de los que declaran haberse convertido en verdad son convertidos? ¿No sería un porcentaje alto para hoy? Si mal no recuerdo, Moody sostenía que si un diez por ciento permanecía, el resultado promedio era bueno. ¿Por qué desesperarnos

---

[17] Ver la parábola del sembrador en Mateo 13.3-9, 18-23; Marcos 4.3-9, 13-20; Lucas 8.5-15.

si tres cuartos de los que hacen profesión de fe no son auténticos?

¿No hay siempre más flores que frutas? Muchas veces los árboles llenos de flores dan muy pocas frutas. ¿Por qué descorazonarse? ¿No sería mejor agradecer a Dios por las frutas obtenidas? Debemos esperar abundancia de flores, y si se logra algo de fruta, por ella deberemos estar agradecidos. El número de profesiones de fe exceden siempre al fruto que queda.

Al celebrar campañas evangelísticas en Escocia conocí un gran número de destacados líderes evangélicos en aquel lugar, y en casi todos los casos descubrí que se habían convertido, o eran convertidos de los convertidos de las campañas de Moody y Sankey, dos generaciones atrás. El legado más grande que Norteamérica jamás haya dado a Escocia fue el de Dwight L. Moody. Moody hizo más en Escocia de lo que hizo en su propia patria. Nadie podrá olvidarlo. La conmoción que provocó su predicación afectó todo el país y Escocia no pudo ser más la misma. En verdad, los resultados permanecieron allí. Uno tiembla al sólo pensar qué habría sido de Escocia a no ser por Moody y Sankey. Sus nombres permanecen para siempre.

Luego, también ha de mencionarse el movimiento metodista dirigido por Juan Wesley. Wesley y Whitfield recorrieron las Islas Británicas celebrando campañas de evangelización y avivamiento. La agencia ganadora de almas más grande desde la época apostólica ha sido la Iglesia Metodista. ¿Se atrevería alguno a dudar de sus resultados? El metodismo en sí, con sus millones de miembros, es la mejor respuesta. Los avivamientos de Wesley no fueron en vano: los resultados han permanecido.

¿Qué de los resultados de la obra del apóstol Pablo? ¿Permanecieron o se perdieron? El cristianismo mismo es la respuesta. Sin Pablo, Europa podría no haber sido evangelizada. Aún América podría estar en tinieblas si Pablo hubiera ido al Oriente, en vez de ir al Occidente. Su predicación produjo avivamientos por doquier. El evangelismo estaba a la orden del día y después de casi dos mil años su obra se ha ido ampliando más y más, probando que los resultados son permanentes. En verdad, no hay otra labor que permanezca como la obra de la evangelización y del avivamiento.

El problema actual

Es verdad que hoy, como nunca, es difícil lograr resultados. Muchas de las grandes iglesias evangélicas temen realizar campañas. Dicen que si la gente asiste los domingos no asiste durante días de la semana y así no se puede hacer frente financieramente a la campaña. Yo me pregunto: ¿por qué?

Hay una explicación que no debiera pasarse por alto. Tan pronto como los hombres son ganados para Cristo por una organización de la iglesia, inmediatamente se les persuade a que se unan a alguna otra fuera de la iglesia, a algún movimiento evangélico que les ocupa gran parte de su tiempo, y los aparta de la iglesia en la que fueron salvos.

La primera vez que dirigí una campaña evangelística en Toronto, casi cada noche podía ver a todo el personal ocupando sus puestos. Ujieres encargados de la obra personal, voluntarios para orar y para el coro. Siempre noche tras noche en sus puestos. ¿Qué ocurre hoy? Se les ve tan sólo una o dos veces durante toda la campaña. No sienten ya más la responsabilidad. ¿Dónde están? ¿En algún banquete o cena, o asistiendo a comisiones, o a reuniones de negocio de la organización a la cual pertenecen, o dando su testimonio?

Están haciendo un trabajo espléndido, pero el hecho es que están usando sus talentos y dones en otras partes y que la iglesia, la organización de Dios, la única bíblica, es la que pierde y, además, no se pueden realizar campañas para ganar almas, si los colaboradores están ausentes. Si se diera a estos esfuerzos el mismo interés y apoyo financieros que se da a esas otras organizaciones, aún los evangelistas tendrían amplia tarea en más campañas.

No estoy muy seguro de cuál debería ser la solución. No quisiera sacarlos de esos movimientos donde se sienten llamados a servir, pero por lo menos permítaseme decir que estamos tapando un hueco y abriendo otro. Creo que, al celebrarse una campaña, cada colaborador debe hacer a un lado todo compromiso, de cualquier naturaleza que sea, y ponerse noche a noche a disposición, tanto del pastor como del evangelista para que se sientan fortalecidos y la obra se realice. Porque la iglesia que deja de evangelizar se fosiliza.

Luego, hay otro impedimento que es sumamente serio. Es el auto y la casa de fin de semana. Hoy hay cristianos a quienes les importa bien poco abandonar la casa del Señor en domingo. Si el tiempo es bueno se van en sus autos el sábado y vuelven de sus casas de fin de semana el domingo o el lunes. Así la iglesia pierde su apoyo y las campañas no pueden realizarse. En realidad, están votando para que se cierren las iglesias en el verano, porque cuando todos actúen como ellos, la iglesia se verá obligada a cerrar sus puertas.

Mis hermanos, estas cosas no debieran ser así. Dice Dios: «Si retraes del sábado tu pie, de hacer tu voluntad en mi día santo, y lo llamas "delicia", "santo", "glorioso de Jehová", y lo veneras, no andando en tus propios caminos ni buscando tu voluntad ni hablando tus propias palabras, entonces te deleitarás en Jehová» (Isaías 58.13-14.). ¿Buscamos nuestro propio placer o el que viene de Dios? Uno u otro, ¿cuál será? Evan Roberts nunca quería faltar a una reunión, por temor —decía—, a que viniera el Espíritu Santo y surgiera el avivamiento sin él. ¿Nos preocupa eso a nosotros? ¿O estamos tan satisfechos con nosotros mismos que no sentimos la necesidad de un avivamiento?

En Habacuc 3.2 hay un grito del alma del profeta por un avivamiento: «¡Aviva tu obra en medio de los tiempos, en medio de los tiempos hazla conocer; en la ira acuérdate de la misericordia!» Su grito es a Dios, porque es la obra de Él que debe reavivarse. Vive en días de ira y juicio y se da cuenta de que Dios está aleccionando a su pueblo. Sabe que el remedio es el avivamiento, así que clama al Señor para que, mezclando la misericordia al juicio, traiga el avivamiento.

Los días de avivamiento son días de alegría. «¿No volverás tú a darnos vida y tu pueblo se alegrará en ti?» (Salmo 85.6). Dios quiere que su pueblo sea feliz y se regocije. No hay regocijo como el del avivamiento. El salmista sabe que si llega el avivamiento el pueblo de Dios se regocijará y su gozo descansará en Dios. Que esta sea nuestra oración y que nunca cesemos de elevarla hasta que venga la respuesta. Los resultados del evangelismo perduran y a pesar de los inconvenientes, la obra que se realiza, permanece.

CAPÍTULO 13

Cómo podemos tener un avivamiento hoy

LLEGAMOS ASÍ AL CORAZÓN del asunto. ¿Cuándo habrá un avivamiento? Esa pregunta reclama respuesta. La iglesia de hoy está en condición desesperante. El avivamiento es imperativo. Nada, sino el fervor y el entusiasmo evangelístico pueden devolver su herencia espiritual al pueblo de Dios. ¿Cuándo vendrá el avivamiento?

Habrá un avivamiento cuando el pueblo de Dios pague el precio, y sé que esto que digo despertará objeciones. Bien sé que hay dos puntos de vista distintos en lo que concierne a la evangelización y el avivamiento. Hay quienes sostienen que no se puede trabajar por un avivamiento; que se lo debe hacer llegar por medio de la oración, y que de esa manera nosotros no tenemos nada que hacer. Dios es soberano. Obra cuando quiere y ningún hombre puede estorbarle o apresurarlo. Nuestra parte es orar. No podemos hacer más nada. Y luego está el otro punto de vista: que el hombre tiene gran parte en ello, y que después de todo, él es el responsable.

Esto me recuerda a dos granjeros. Uno mira a sus tierras y se dice: «Me gustaría cosechar algo este año, pero eso no es asunto mío. Yo no puedo hacer nada», y con esa actitud se va a su casa, se sienta frente al hogar y ora por una cosecha. El otro granjero dice: «Yo quiero una cosecha este año también y hay mucho que tengo que hacer. Creo que podré cosechar si trabajo». Y en ese espíritu ara la tierra, planta la semilla y hace todo cuanto está de su parte, esperando el día de la cosecha, en una perfecta confianza en el Dios que hacer salir el sol y envía la lluvia.

¿A cuál de los dos hombres preferiríamos? Creo que, sin duda, elegiríamos al segundo. En verdad es el único que tiene sentido común. Así es con el avivamiento. Dios lo manda, eso lo sabemos, pero hay mucho que nosotros podemos y tenemos que hacer antes de que venga un avivamiento. Es mi convicción —y la baso en mi propia experiencia y en lo que he estudiado de los avivamientos—, que cualquier iglesia en cualquier lugar puede experimentar un avivamiento en cualquier época, si está dispuesta a pagar el precio. Así lo comprobó Carlos G. Finney. A veces fue a poblaciones cerradas e indiferentes, donde la gente no mostró el menor interés en las cosas de Dios. Cumplió las condiciones y, como resultado, en esas mismas comunidades surgió un avivamiento sorprendente.

En verdad, los avivamientos vienen en días de depresión espiritual. Cuando la necesidad es mayor, Dios riega la tierra sedienta. Allí es donde más se lo precisa. Nunca hubo día más oscuro en Inglaterra que el que le tocó trabajar a Juan Wesley, pero en ese día también fue cuando el avivamiento se esparció por doquier. Fue igual en el gran avivamiento irlandés en 1859 y en el de Gales de 1904. Así fue en los Estados Unidos en días de Finney. Así es hoy, y si en algún tiempo necesitamos un avivamiento, ¡hoy es ese tiempo, ahora es el momento!

Si el avivamiento, pues, depende de nosotros, si tenemos que llenar los requisitos y pagar el precio, ¿cuáles son, entonces, esos requisitos y el precio que hay que pagar?

Confesión y restitución

Si nos ponemos a cuentas con Dios habrá un avivamiento. ¿Cómo lo haremos? Por confesión y restitución. Es lo que leemos en el Salmo 66.18: «Si en mi corazón hubiera yo mirado a la maldad, el Señor no me habría escuchado». Dios ni siquiera se inclinará para escuchar lo que tenga yo que decir si guardo pecados en mi corazón. Quizá nadie sepa nada de ellos, pero si está allí, Dios lo ve y, a no ser que yo se lo confiese y lo abandone, no oirá mis ruegos.

En Isaías 59.1-2 dice: «He aquí que no se ha acortado la mano de Jehová para salvar, ni se ha endurecido su oído para oír; pero vuestras iniquidades han hecho división entre vosotros y vuestro Dios y vuestros pecados han hecho que oculte de vosotros su rostro para no oíros». La falta no es de Dios, es mía. El brazo del Señor no se ha acortado. Puede alcanzar a hombres y mujeres perdidos y salvarlos. El cuadro es el de un hombre que se ha caído al agua y es llevado por la corriente. Los hombres extienden sus manos, pero sus brazos son cortos y no pueden salvarlo. Pero no es así con el brazo de Dios. Él puede alcanzar al que se está ahogando. Él puede salvar. ¿Dónde radica la dificultad? «Vuestros pecados —dice Él—, vuestras iniquidades». Como una nube, el pecado del hombre oculta el rostro de Dios, separa al hombre del Creador de manera que no se puede rescatar y salvar. La falta radica en el hombre.

Si tú eres cristiano, con toda probabilidad tienes un pecado que te acosa. Has sido liberado de la mayoría de ellos, pero hay todavía uno que te persigue y te esclaviza. Quizás sea sólo un hábito, algo de lo que has tratado de persuadirte diciendo que no haces mal; sin embargo, allí está, interponiéndose entre tú y Dios. Quizás viviendo en pecado, en algunas ocasiones te has arrepentido, pero no has abandonado el mal por completo, y una y otra vez vuelves a dejarte llevar por él. En un instante de debilidad vuelve a dominarte. Tiene sobre ti un control que no puedes quebrar. Lo quieres como a manjar apetecible y no lo abandonas. Sabes lo que es y Dios lo conoce también. Y es ese pecado el que te priva del poder divino. Es el que hace imposible que Dios te use, y hasta que lo confieses, abandones y olvides no podrás tener paz con Dios. ¿Has dejado todo lo que tú sabes que es malo, o hay en ti conscientemente pecados que aún retienes? En ti está la respuesta.

No tan sólo debe haber confesión, sino que también se debe hacer restitución. Los males hay que corregirlos. Si herimos a otros hay que pedir perdón. Estar en buena relación con Dios es estarlo con el prójimo también; estar en malas relaciones con otros es estarlo con Dios. No se puede estar en buena relación con Dios y a la vez no estarlo con el prójimo. Tenemos que poseer conciencia sin ofensa. Quizás haya cuentas que saldar. Si humildemente nos colocamos delante de Dios, y en oración le permitimos al Espíritu de Dios que nos escudriñe y examine, Él nos lo revelará todo. Sabremos los males que habrá que enmendar, los pecados que deberán abandonarse. No conozco otra forma de arreglarnos delante de Dios, excepto por medio de la confesión, el renunciamiento y la restitución. El pecado es la principal barrera y debe removérselo a cualquier precio.

Cuando me convertí en 1906 en la campaña de Torrey y Alexander, en Toronto, noté en las calles, en los negocios, en los tranvías, miles de tarjetitas blancas con la siguiente inscripción en letras rojas: «Arréglate con Dios». No importaba cómo cayeran las tarjetitas, pues siempre se leía el mensaje, y miles recibieron ayuda. Tantas decenas de miles de esas tarjetas, distribuidas por doquier, hacían imposible que pasasen desapercibidas. Todos las veían. Y por doquier sus tres palabras predicaban un mensaje inolvidable.

Es eso lo que se necesita para el avivamiento. El pueblo de Dios debe arreglar sus cuentas con Él, y tan pronto como lo haga, irá directamente hacia un avivamiento, sacadas las piedras del camino, limpios los canales, y el sendero abierto para recibir el Espíritu de Dios.

Agonía en oración

Si sabemos cómo agonizar en oración, habrá avivamiento. Isaías 66.8 nos dice que: «En cuando Sion estuvo de parto, dio a luz sus hijos». ¿Puede un bebé nacer sin dolor? ¿Puede darse a luz a un niño sin la agonía del parto? ¡Claro

167

que no! Dios ha señalado que cada vida nueva traída al mundo viniese acompañada de dolor y de sufrimiento. Esa agonía es inevitable. Así es con los recién nacidos en la familia de Dios. Alguien sufrió, alguien pasó por esos dolores. Ha habido agonía del alma. ¿Por qué hay tan poco de eso hoy, y tan pocas almas se salvan? Debemos volver, amigos, a la época de la agonía del parto en el alma, si hemos de orar efectivamente. Habrá que pasar medias noches y noches enteras en oración para aprender a asirnos de los cuernos del altar y agonizar en oración, si es que han de nacer las almas en el Reino y venir avivamientos.

La gran mayoría de los evangelistas llevan con ellos a un director de canto. Finney llevó consigo a un hombre de oración, a Nash, y mientras aquel predicaba, éste oraba. Afuera en el monte, este guerrero de la oración escondiendo su rostro entre las ramas, en la agonía de su alma, clamaba para que Dios usara a Finney para convertir a los perdidos. Finney mismo sabía agonizar en oración. Guillermo Bramwell agonizó por unas treinta y seis horas, en un pozo de arena sin alimento, por las almas de los hombres. Todos los siervos de Dios, a través de los siglos, han agonizado en oración. Los que conocen esta experiencia saben a qué me refiero y por qué esa agonía de parto es inherente al precio que hay que pagar por un avivamiento.

Testimonio para Cristo

Si testificamos valientemente por Cristo habrá un avivamiento. Debemos volver a predicar la Palabra. No es nuestra palabra, sino la de Dios, que condena y convierte. Su Palabra es martillo que quebranta los corazones endurecidos. Es espada que traspasa. Es fuego que quema. El pueblo de

Dios, digo, debe proclamar esa Palabra, si ha de surgir un avivamiento.

Al estudiar los avivamientos y el evangelismo he descubierto que los que fueron usados poderosamente por Dios, dieron especial énfasis a cinco aspectos. Estos cinco aspectos, inevitablemente, traen convicción: el pecado y la salvación, el cielo y el infierno, y finalmente, el juicio.

Mucho se debe hablar del pecado, porque éste al ser expuesto trae convicción genuina. Allí está la enfermedad y ella hace evidente la necesidad. En especial me refiero a la incredulidad y al rechazo de Cristo. Luego debe estar presente la salvación, es decir, el remedio, la cura del mal. Así los mensajes de salvación son esenciales.

Pero se precisa más que eso. Las almas deben ser puestas cara a cara con la eternidad, de ahí la necesidad de los mensajes del cielo y del infierno. La eternidad debe ser real. Los hombres deben comprender que esta vida termina y que deben empezar a pensar en la vida que vendrá. Y aún esto no alcanza. Debe haber mensajes sobre el juicio. Los hombres deben saber que se les llamará a rendir cuentas, que algún día estarán en la presencia del Creador. De ahí la importancia de la advertencia. «Prepárate [...] para encontrarte con tu Dios» (Amós 4.12, NVI).

Si estos cinco aspectos son presentados, en una y otra forma, sin duda habrá convicción, salvación y, por último, avivamiento. Estos fueron los asuntos tratados por los apóstoles y, a través de los siglos, se les ha dado énfasis en los días de evangelismo y avivamiento.

Unción del Espíritu

Si trabajamos con la unción del Espíritu Santo, habrá avivamiento. Es el Espíritu Santo el que hace la obra. Él es el ejecutor de la Trinidad. Hoy es su día. Él obra en el corazón de los hombres, produciendo convicción e impartiendo la fe salvadora. Es por medio de Él que los hombres nacen de nuevo. Es el Espíritu Santo que, tomando la Palabra tal cual es proclamada, la aplica. Por lo tanto, hemos de depender de Él. Debemos estar seguros de que hemos sido ungidos y que estamos predicando con esa unción del Espíritu Santo.

A través de los siglos los hombres que Dios usó eran los que habían sido ungidos. Esperaron en la presencia de Dios hasta que fueron dotados por el poder de lo alto, y salieron entonces como conquistadores, a conquistar. A todos cuantos Finney predicó aquel primer día memorable, les llegó la salvación, aunque él estuviese allí breve tiempo. Finney había recibido aquella unción en su oficina unas horas después de haberse convertido y con el poder de tal unción empezó a testificar a unos y a otros, y muchos se convirtieron.

Juan Wesley y Jorge Whitfield eran hombres de unción. Recordamos todos cómo Wesley describe aquella experiencia suya, a las tres de la mañana, mientras él y otros estaban orando. D. L. Moody fue un ungido. Rogaba a Dios que pusiera su mano sobre él, porque así se sentía ungido, y nos dice cómo volvió a tomar viejos sermones ya predicados sin mayores frutos, y pudo ver cómo se convertían y se salvaban los hombres y las mujeres en todas partes. Evan Roberts era un ungido. Su historia sería incompleta si se omitiera ese dato. Al encontrarse con Dios, con el poder que aquella unción le dio, fue como un tizón por todo Gales, encendiendo avivamientos dondequiera que iba.

Los primeros predicadores metodistas eran hombres ungidos, encendieron fuegos a ambos lados del Atlántico, mientras proclamaban el mensaje del evangelio.

Quizá los predicadores puedan no reconocerlo, pero sobre los hombres a quienes Dios usa maravillosamente, descansa un poder misterioso, y es en ese poder que logran los resultados que conmueven y maravillan por doquier. Están vestidos, por así decirlo, con el Espíritu Santo. ¡Es esta unción, hermanos, la que necesitamos hoy! A tantos nos falta el poder, tanta de nuestra obra se realiza desde el punto de vista intelectual, tanto es superficial, que debemos volvernos a nuestra única y sola fuente de poder, al bendito Espíritu Santo de Dios.

Y ahora, ¿estamos dispuestos a pagar el precio? ¿Serás tú uno de los que acepte la responsabilidad del avivamiento y, cumpliendo las condiciones harás tu parte, hasta que venga el avivamiento? El propósito de Dios debe ser cumplido. ¡Que unamos nuestras manos con los que están orando por un avivamiento, y obedezcamos la orden del gran apóstol: «Haz obra de evangelista»! (2 Timoteo 4.5).

Tabla de aportes

La congregación que pastoreó Oswald J. Smith (Iglesia de los Pueblos, Toronto, Canadá) invirtió muchos millones de dólares en las misiones al extranjero. En la tabla de más abajo pueden apreciarse los montos que se destinaron, durante tres décadas, al ministerio local y mundial.

AÑO	MINISTERIO LOCAL	MISIONES AL EXTERIOR
1930	22.802	43.891
1931	24.256	36.660
1932	29.819	36.151
1933	18.185	23.586
1934	19.822	27.181
1935	26.338	28.102
1936	20.927	36.290
1937	19.941	30.615
1938	21.230	40.029
1939	22.789	39.083
1940	22.871	46.435
1941	21.135	54.417
1942	23.144	60.279
1943	23.953	78.413
1944	31.806	117.723
1945	27.423	114.854

1946	25.379	122.440
1947	28.786	138.394
1948	38.356	177.473
1949	37.215	180.878
1950	38.093	177.076
1951	38.832	216.443
1952	52.811	228.960
1953	40.813	245.260
1954	39.778	280.423
1955	39.258	253.405
1956	44.250	289.502
1957	41.011	265.973
1958	45.549	298.316
1959	58.119	261.959
1960	49.722	282.221
1961	49.273	303.345

Printed in the USA
CPSIA information can be obtained
at www.ICGtesting.com
LVHW020708050824
787165LV00009B/61